헤르만 바빙크
―보편성을 추구한 신학자

현대 신학자 평전 5

헤르만 바빙크
- 보편성을 추구한 신학자

유해무 지음

살림

머리말: 보편성을 추구한 신학자 바빙크

계몽사조의 절정인 프랑스혁명(1789)은 자유, 평등, 형제애와 백성의 주권을 구호로 내세우면서, 구시대의 질서를 허물고 새로운 질서를 도입하였다. 당시까지 유럽사회를 지배하던 기독교는 공식적인 특혜를 상실하고 말았고, 새로운 질서를 수용할 수밖에 없었다. 왜냐하면 기독교는 혁명이 축출시킨 구시대의 지배층과 결탁하고 있었기 때문이다. 반면 이런 기독교에 만족하지 못한 채, 종교개혁의 영향으로 경건주의에 심취되었던 하층민 신자들에게는 혁명이 새로운 기회로 다가왔으며, 교육의 혜택을 누리지 못한 이들은 교육받은 신학자와 목사들에게 자기들의 신앙을 침묵으로 증거하였다. 이에 감동을 받은 엘리트들은 이들을 사회적 고립으로부터 해방시키기 위하여 이들에게 교육의 혜택을 누리게 하고 사회적, 정치적 지위를 획득하게 하는 데 도움을 주었다. 전통적이고 체제적이었던 국가교회로부터 해방된 자유교회가 18세기 말과 19세기 초엽에 대대적으로 출현한 것도, 바로 이러한 시대적 상황과 밀접하게 연관되어 있다. 자유교회를 추구한 신학자들은 서민들의 언어를 구사하고 하층민 신자들의 사고방식을 이해함으로써 이들을 성경과 종교개혁의 전통에 확고하게 설 수 있도록 도와주었던 것이다.[1]

유럽의 이런 분위기에서 네덜란드도 예외는 아니었다. 그곳에서도 자유교회의 노선에 있으면서 동시에 보편성을 추구한 인물이 있었다. 그가 바로 헤르만 바빙크이다. 그는 네덜란드라는 비교적 작은 나라에서 태어나 활동하였고, 그것도 인구가 얼마 되지 않은 조그마한 도시에서 주로 활동하였다. 그럼에도 그는 줄곧 보편성을 견지하였다.[2] 경건주의적 신앙의 배경에서 자라난 그는 자기 교파 신학교를 1년간 수학한

---

[1] H. McLeod, *Religion and the People of Western Europe 1789~1989*, Oxford: Oxford University Press, 1997, 36-43쪽. 이후에 자주 나올 '자유' 또는 '자유하는'이라는 표현은 신앙적 혹은 신학적 자유주의와는 전혀 상관이 없으며, 이는 성경과 전통적인 신앙고백에 기초하여 비기독교적이고, 때로는 반기독교적인 국가와 체제 교회로부터의 해방을 추구하는 태도를 말한다.

[2] G. C. Berkouwer, *Zoeken en vinden. Herinneringen en ervaringen*, Kampen: Kok, 1989, 40-70쪽. 베르카워가 잡은 제목은 "보편성-바빙크"이다. 생애부분에서는 친근감을 표시하기 위하여, 서양풍습을 따라, 그의 성 '바빙크'만이 아니라 때로는 그의 이름 '헤르만'까지 덧붙여 사용하려 한다.

말년의 바빙크와 그의 친필 사인.

후에 당시 네덜란드 현대 신학의 거점이었던 레이던대학교로 유학을 떠났다. 교수들과 친구들은 자신들과 신학적 관점이 달랐던 그곳으로 바빙크가 떠나려 하자 이를 염려하며 만류하였다. 그런데도 그는 자신의 결심을 실행했고, 후에 모교로 돌아와 교수로 일하면서, 레이던에서 배운 것들을 토대로 모교회의 영적이고 신학적인 분위기를 쇄신하기 위해 심혈을 기울였다. 이처럼 교파에 함몰되지 않았던 그의 이러한 자세는 보편성에 대한 관심을 지녔기에 가능하였다. 그는 레이던 시절이 준 유익을 최대한으로 누렸다. 그러나 유학생활이 자신을 영적으로는 고갈시켰다는 사실도 솔직하게 시인하였다. 영적 위기를 감수하면서도, 그는 오직 그곳에서만 얻을 수 있는 유익을 위하여 모험을 감행하였던 것이다. 그는 개혁파 전통에 깊이 뿌리를 박은 신학자로서 현대 신학이 경건주의적인 신앙을 향하여 던진 질문들에 정면으로 대결하였다. 이런 자세와 용기는 그의 사람 됨됨이에서 나왔으며, 그런 그에게 레이던은 '적대적'이면서도 유익을 줄 수 있는 곳이었다.[3] 그는 신앙과 학문의 이분법을 거부하였다. 자기의 신앙적 배경에 안주하지도 않았으며, 레이던이 지닌 일방성을 맹목적으로 수용하지도, 배격하지도 않으면서, 양자의 종합을 시도하였다.

바빙크는 자기의 개혁파 전통이 보편적인 기독교의 진리를 지니고 있다고 확신하였다. 이 보편성은 천지를 지으신 창조주와 재창조주 하나님으로부터 온다. 재창조, 즉 오직 구속에만 관심을 가지고 있던 경건주의적 성향의 교인들을 향하여, 그는 창조의 의미를 부각시키면서, 창조와 재창조의 종합을 시도하였던 것이다. 반대로 이러한 교인들을 조롱하는 현대주의자들의 태도도 바빙크는 못마땅하게 여겼다. 물론 그리스도가 정치나 학문연구 혹은 예술을 증진시키기 위해 이 세상에 오신 것은 아니다. 그러나 예수 그리스도는 정치와 학문과 예술의 구속을 제자들에게 요청하신다. 바빙크는 바로 이러한 자세로 목회를 하였고, 신학을 가르쳤으며, 정치와 교육에 관여하였다. 신앙은 단지 죄와 투쟁하는 것만이 아니다. 신자는

---

[3] 절친한 친구 도스커는 헤르만 바빙크가 레이던으로 간 직후, 염려를 토로하는 편지에서 바빙크가 레이던의 '적대적인 학문'보다는 역사적인 기독교의 신뢰성을 선택하기를 기도한다고 하였다(1876년 12월 23일자 편지 참조). 바빙크가 주고받은 편지는 주로 브렘머의 책, *Bavinck en zijn tijdgenoten*으로부터 인용하였으며, 절친한 친구 스눅 후르흐론녀와의 서신교류는 J. de Bruijn와 G. Harinck가 편집한 *Leidse vriendschap*(Baarn: Ten Have, 1999)으로부터 인용하였다.

신앙을 가졌기에 문화를 적대시해서는 안 되며, 오히려 이를 구속해야 한다. 그는 은혜와 자연의 하나님을 한 분 하나님으로 경배했기에, 은혜와 문화를 양립시키지 않았다.[4]

어쩌면 바빙크의 신앙적 배경과 유사한 상황에 처해 있는 우리 한국 교회로서는 그로부터 배울 수 있는 교훈이 적지 않다고 생각한다. 신앙과 문화를 창조와 재창조라는 하나님의 말씀으로 조망하고, 더 높은 종합을 시도해야 할 때가 되었다. 그러나 이에 앞서 우리가 배워야 하는 것은 그의 교회관이다. 바빙크는 자신이 출석한 교회를 깊이 사랑하였고, 그의 신학은 바로 이런 교회 사랑으로부터 나왔다. 이제부터 우리는 그의 삶과 신학과 사역을 들어보려고 한다.

우리는 그의 삶과 신학의 이야기를 직접 들으면서, 그와 함께 고민하고, 그의 선택과 삶 전체로부터 우리 자신과 한국 교회를 위한 유익한 안내를 받기를 기대해 본다.

『개혁교의학』을 출판한지 7년이 지나서야 빛을 보는 바빙크 평전은 신학함을 진지하게 반성하는 기회가 되었다. 작은 나라의 국민이요, 작은 교회의 교인으로서 보편성을 추구한

---

[4] G. Harinck, "De gereformeerde spiritualiteit van Herman Bavinck", in H. Selderhuis, ed., *Wandelen met God: Spiritualiteit in de negentiende eeuw,* Vaassen: Medema, 2001, 75-94쪽.

큰 신학자 바빙크는, 세계 교회의 이목을 끌면서 성장한 한국 교회가 스스로 신학하도록 도와주는 좋은 안내자가 될 것이다. 우리도 그를 본받아 시간과 공간의 제약을 뛰어넘어 보편적인 신학을 해야겠다. 단지 그를 번역하고 모방함이 아니라, 자기의 상황에서 신학한 자세를 본받음이 필요하다. 우리는 교회의 보편성을 지켜주시는 삼위일체 하나님의 임재와 인도하심을 따라, 믿음으로 한국 교회를 살피고 비판하고 격려함으로써 보편성을 띤 신학을 형성할 것이요, 그런 신학은 세계 교회를 향한 크나큰 기여가 될 것이다. 비판적 성찰을 추구하려는 우리의 관심을 독자들이 알아주기만 한다면, 더 이상 기대할 바가 없을 것이다.

네덜란드에서 초고를 작성할 수 있도록 재정을 지원하신 박익천, 배재일 장로님과, 즐거움으로 교정을 도와주신 박창해 박사님, 김헌수 목사님, 김순자 선교사에게 진심으로 감사를 드립니다. 또한 살림출판사와 아주 세심하게 원고를 읽고 제언한 김대섭 선생님에게도 감사를 표합니다.

차 례

머리말: 보편성을 추구한 신학자 바빙크　4

1. 네덜란드 교회의 역사와 분리교회　13
네덜란드 개혁교회의 독특성 | 19세기 네덜란드 교회를 개혁한 분리운동의 후예 바빙크

2. 출생과 학창시절, 그리고 목회자 바빙크　27
바빙크의 가문과 출생 | '사자굴' 레이던으로 간 탁월한 학생 헤르만 바빙크 | 박사학위논문: 「츠빙글리의 윤리학」 | 바빙크의 경건과 목회 준비 | 목회자 바빙크

3. 교회통합의 견인차　51
캄펀신학교의 역사 | 바빙크의 취임강의 | 신학교 교수진과 바빙크의 초기 사역 | 또 다른 교회개혁인 애통운동과 카이퍼 | 교회합동을 위한 바빙크의 노력 | 교회합동을 위한 교회론적·교회법적 정지작업 | 결혼 | 캄펀신학교와 자유대학교 신학부 | 통합을 향한 총회의 첫 결정

4. 바빙크와 카이퍼의 협력　79
바빙크와 린더보옴 | 바빙크와 로오만 사건 | 카이퍼가 주장하는 개혁파 원리의 승리 | 카이퍼를 지나치게 신뢰한 바빙크의 실수 | 성급하게 쓴 두 소책자 | 계속 타격을 받는 바빙크 | 개혁파 원리에 대한 새로운 이해? | 통합의 좌절과 교회정치의 피해자

5. 자유대학교 교수, 말년 106
쓸쓸하게 캄펀을 떠나다 | 바빙크의 왕성한 연구와 결실 | 쓸쓸한 바빙크 | 1905년 총회와 바빙크의 역할 | 프린스턴에서의 스톤강좌 | 카이퍼의 정치적 야망을 비판하다 | 정치와 교육 현장에 몰두 | 바빙크와 소장층의 운동 | 말년의 바빙크는 변했는가? | 임종 | "내 학문이 아니라 오직 신앙만이 나를 구원한다."

6. 헤르만 바빙크의 신학 총론 144
교의학이란 무엇인가? | 계시 | 성경

7. 삼위 하나님 161
하나님의 속성 | 하나님의 작정 | 창조 | 하나님의 형상인 인간

8. 예수 그리스도 187
죄 | 은혜언약 | 예수 그리스도

9. 성령 하나님 202
구원의 서정 | 교회 | 성례 | 종말

10. 바빙크의 평가와 영향 229
바빙크 연구사와 그의 영향 | 보편성의 신학자

11. 바빙크와 한국 교회 245

- 인명색인 250
- 지명색인 255
- 주제어색인 257

* 본문에 인용된 성경구절은 '개역 한글판'을 따랐다.

네덜란드 지도

① 덴 하흐(Den Haag, 헤이그市) ② 델프트(Delft市) ③ 도르드레흐트(Dordrecht市)
④ 레이던(Leiden市)   ⑤ 레이와르던(Leeuwarden市) ⑥ 로테르담(Rotterdam市)
⑦ 미델부르흐(Middelburg市) ⑧ 분스호턴(Bunschoten市) ⑨ 아펄도오른(Apeldoorn市)
⑩ 알름케르크(Almkerk邑) ⑪ 암스테르담(Amsterdam市) ⑫ 앗선(Assen市)
⑬ 우트레흐트(Utrecht道/市) ⑭ 울름(Ulrum, Groningen) ⑮ 즈볼러(Zwolle市)
⑯ 캄펀(Kampen市)   ⑰ 프라너커(Franeker市, Friesland)
⑱ 프라르딩언(Vlaardingen市) ⑲ 하알렘(Haarlem市) ⑳ 호오허페인(Hoogeveen市)
㉑ 흐로닝언 (Groningen道/市) ㉒ 벤타임(Bentheim)

1. 네덜란드 교회의 역사와 분리교회

네덜란드는 짧았던 나폴레옹의 지배가 끝난 1815년에 새 헌법을 공포하고, 빌럼 1세가 네덜란드 국왕으로 등극하게 된다. 그는 1816년에 '네덜란드 교회 치리정관'을 선포하고, 네덜란드 교회를 재조직하였다.[5] 즉, 교회의 치리권을 지역 교

---

5) 공식이름은 '네덜란드 개혁교회(De Nederlandse *Hervormde* Kerk)'이다. 종교개혁 직후 네덜란드 개신교도들은 스스로를 '개혁교회(Gereformeerde 또는 Hervormde kerk)'라 칭하였다. 두 단어 모두 같은 의미를 지닌다. 그렇지만 역사적으로 다른 뉘앙스를 지니면서, 교단 간의 차이를 나타내는 말이 되었다. 네덜란드 교회가 1816년에 국가교회가 되면서, '헤르포름드(Hervormde)'를 고수하자, 분리 측은 '허레이포르미어르드(Gereformeerde)'를 고수하였고, 애통 측과 1892년에 합동하면서, 스스로를 '네덜란드 개혁교회(De Gereformeerde Kerken in Nederland)'라 불렀다. 두 교회의 이름이 네덜란드어로는 구별이 가능하지만, 우리말로 번역하면 그 구별이 사라진다. 그래서 1816년에 국가교회가 된 네덜란드 개혁교회가 1848년의 네덜란드 헌법 개정 이후 점차 국가교회의 모습을 벗어나고 있음에도, 본서에서는 편의상 그 교회를 '국가교회'라고 표기할 것이다.

회로부터 왕이 임명한 교회위원회로 이관시키고, 전국 단위에서 지역 단위로 다시 지교회(枝敎會)로 명령을 시달하는 하향식의 교회정치를 시행한 것이다. 그리고 교회위원회는 정부 산하 종교부의 감독을 받게 하였다. 이처럼 왕이 '국가교회'의 형태로 정교일치를 시행하면서 신앙의 자유를 억압하고 박탈하자, 1834년에 신앙의 자유를 선언하는 '분리운동'이 일어나게 된다. 헤르만 바빙크는 이 분리 측 목사의 아들로 태어나, 그 교회의 목사로 임직받고, 그 교회의 신학교 교의학 교수로 약 19년간(1883~1902) 사역하였다. 그는 '분리운동' 이후 국가교회를 개혁하려다 또다시 분리한 '애통 측' 교회와의 합동을 주도하였다. 합동 후에는 교수 자리를 옮겨, 그곳에서 죽을 때까지 또 다른 19년간(1902~1921) 합동개혁교회의 교의학 교수로 일하였다.

네덜란드 개혁교회의 독특성

바빙크의 생애와 사역을 이해하려면 네덜란드 교회의 역사를 잠깐이나마 개관해 볼 필요가 있다. 네덜란드 교회는 종교개혁 이후 유럽의 다른 지역과는 달리 출생과 동시에 교인이 되는 국가교회의 제도를 따르지 않았다. 1580년경 합스부르크 왕국의 북쪽 '낮은 지역'에서 정치와 군사적인 측면에서 공동의 목적을 가진 지방 귀족들이 동맹을 맺고, 독립을 추구하는 반란을 꾀하였다. 귀족들은 중앙집권적인 절대주의를 거부하였기에 이들의 정치적 동맹체는 광범위한 논의와 합의 체제를 유지하게 되었다. 이런 배경으로 인해 네덜란드에서 정치나 종교는 중앙집권의 형태를 취하지 않았다. 이들은 1550년대부터 비록 지하조직이긴 하였으나, 독자적인 조직을 가지고 있던 개혁파교회와 제휴하였다. 반란 자체는 정치·종교적 자유를 얻기 위한 투쟁이었으므로, 공화국 내에서 신앙적인 탄압은 거의 없었다. 반란시절에는 개혁파도 재세례파와 마찬가지로 하나의 종파에 불과하였다. 하지만 반란이 성공으로 끝이 나자 개혁교회는 이제 예배의 자유를 누리는 '민족교회'가 되었다. 민족교회는 국가교회와는 다르다. 개혁교회는 참 성도의 교제이기를 원했다. 따라서 출생과 동시에 교인이 되고 하나의 종교만을 인정하여 온갖 특혜를 누리는 국가교회의 모습을 거부하였다.[6] 개혁교회는 신앙고백을 강조함으로써 국가교회와 구별하였고, 유아세례를 인정함으로써 성인세례만을 고집한 재세례파와도 구별하였다. 출생과 동시에 세례를 받을 수는 있었으나, 완전한 교인의 자격은 권징을 수반하는

---

[6] A. Duke, *Reformation and Revolt in the Low Countries,* London: 1990, 269-294쪽; Peter van Rooden, *Religieuze regimes,* Amsterdam: Bert Bakker, 1996, 20-21쪽.

성찬에 참여할 수 있는가에 따랐는데, 이 기준에서 보면 개혁파 교인은 소수에 불과하였다.[7] 하지만, 그들은 전 국민을 그리스도께 속하게 하려는 열망을 가지고 있었으며, 그래서 가정과 교육, 그리고 생활전반에 적극적으로 관여하였다.

재세례파나 로마 가톨릭도 공적 집회를 제외한 신앙의 자유를 누렸다. 1579년에 북부의 7개 도(道)가 우트레흐트 동맹을 맺어 공화국 체제를 취하면서, 종교의 자유와 관용에 대해 합의하였다. 그리하여 적어도 1600~1626년까지는 현 네덜란드 남서부와 북동부에 해당하는 지역에서 거의 모든 종교가 집회의 자유를 누리게 되었다. 당시 네덜란드를 지배하던 스페인이 로마 가톨릭 국가였기에, 네덜란드의 가톨릭 교회만이 제약을 크게 받았을 뿐이었다. 개혁교회는 이 지역에서 네덜란드 정치권과 밀접한 관계를 맺으면서, 점차 지배적인 종교가 되었다. 1626년 이후 공화국은 대치하고 있던 스페인의 영토, 즉 현재의 벨기에를 점령하였다. 이 지역의 反종교개혁적 성향은 철통같아서 로마 가톨릭 교회를 재조직하는 데에 성공하였으며, 그 이후 이곳은 지금까지도 로마 가톨릭이 지배적이다. 다만 관리들은 북쪽에서 파견된 개혁교회 교인들이

---

7) H. A. Speelman, *Calvijn en de zelfstandigheid van de kerk*, Kampen: Kok, 1994, 50쪽. 칼빈은 교회를 성찬공동체로 보았고, 제네바의 성인 시민은 모두 이 공동체에 속하여야 한다고 보았다.

대부분이었고, 공화국의 이름으로 벨기에 지역을 통치하였기에, 이 지역은 약 2세기 동안 정치적인 자치권을 얻지 못했다.[8]

우리가 네덜란드로 알고 있는 지역은 바다를 끼고 있는 현 네덜란드의 서부와 북부에 해당된다. '홀란트'는 '제이란트', 그리고 '우트레흐트'와 더불어 공화국의 중심을 이루었다.[9] 신학적으로 보면, 초기에는 루터와 비텐베르크, 그리고 하이델베르크와 취리히 등의 영향을 받았지만, 점차 제네바와 칼빈의 영향이 압도적으로 커져감으로써 지금 우리가 알고 있는 네덜란드 신학이 형성되었다. 우리에게도 잘 알려진 아르미니우스와 그의 추종자들의 항변을 논의한 도르드레흐트 회의(1618~1619)도 이 지역에서 일어난 신학적, 교회법적 문제를

---

[8] Cf. H. Knippenberg, *De religieuze kaart van Nederland. Omvang en geografische spreiding van de godsdienstige gezindten vanaf de Reformatie tot heden*, Assen/Maastricht: Hans Van Gorcum, 1992.

[9] 우리가 지금 네덜란드를 '네덜란드'로 부르는데, 이는 정확한 표현은 아니다. 네덜란드는 '낮은 지역들'이라는 뜻을 지니고 있다. 여기서 '지역'은 문자적으로 지역을 뜻하기도 하고, 행정적으로 지방분권적인 도(道)를 지시하기도 하는데, 네덜란드는 7개의 도가 모여 공화국을 이루었다. 바다에 인접한 '홀란트', '제이란트', '프리스란트', 그리고 내륙에 있는 '우트레흐트'와 '헬드러란트', '오버르에이설', '흐로닝언' 등이 그것들이다. '화란'이라는 명칭은 공화국의 주요 지역인 홀란트의 음역이다. 홀란트는 국제교역의 중심지였고, 많은 상선을 세계 도처로 보내었다. 북홀란트의 수도가 암스테르담이다. 그리고 미국 뉴욕의 원래 이름은 뉴암스테르담이었다.

해결하기 위한 회의였다. 1610년대에 이르자 네덜란드와 스페인의 전쟁은 잠시 소강상태에 접어들었다. 이 때에 아르미니우스가 예정론을 포함한 여러 신학적 논쟁에 불씨를 당겼고, 교회는 물론 공화국 내에 있는 정치세력까지 이 논쟁에 개입하였다. 아르미니우스는 국제 교역의 중심지이던 암스테르담 지역 상인들의 장학금으로, 1587년부터 1591년까지 제네바에 있는 베자에게서 학문을 배웠다. 상인들은 시의회를 장악하고 있었기에, 개혁파의 정치원리와는 달리 교회가 세속정부의 지배를 받아야 한다는 입장을 가지고 있었다. 그러나 아르미니우스의 추종자들이 정죄되면서, 뒤를 이어 약 140명의 목사가 정직되거나 추방되었다. 이렇게 쫓겨난 이들은 뒤에 항변파교회를 구성하게 된다.[10]

도르드레흐트 회의는 「도르드레흐트교회법」을 채택하였는데, 이곳에서는 당회가 가장 기본적인 회의이고, 노회나 총회를 상회(上會)라고 하기보다는 광의(廣義)의 회의로 보았다. 1571년부터 이미 어떠한 교회도 다른 교회를, 어떠한 직분자

---

[10] 아르미니우스는 일찍 병사하였으며, 도르드레흐트 회의 이후 그의 정치적 후견인들도 몰락하였고, 그 가운데 한 사람이었던 올던바르너펠트(1547~1619)는 참수형을 받았다. 그는 홀란트 정부 관리로 일하면서, 1602년에 동인도회사를 설립하여 미국에 네덜란드 식민지를 개척하였다. 그는 교회와 백성이 세속정부의 일에 개입하는 것을 반대하였기에 항변파의 입장에 동조하였다. 항변파는 개혁파의 예정론 등의 교리에 항변하였다 하여 붙여진 이름이다.

도 다른 직분자를 지배할 수 없다는 입장이 받아들여지고 있었다. 또한 도르드레흐트 회의는 예배 중에 「시편」만을 부르기로 결정하였다. 또한 목사가 「네덜란드신앙고백서」(1561)와 「하이델베르크요리문답」(1563)과 「도르드레흐트신경」을 받아들인다는 것을 서명하도록 결의하였다. 물론 전자 두 신조에 대해서는 이미 각각 1571년과 1586년에 서명을 결의한 바 있었다. 게다가 이미 시행하던 대로 주일 오후 예배 시에 요리문답을 설교할 것을 강권했다. 매주 설교할 수 있도록 129문답을 52주일분으로 구성한 것이 이 요리문답의 특색이다. 1574년부터 이 요리문답은 학교에서 청소년을 가르치는 신앙교육의 교재로 쓰이고 있다. 이리하여 네덜란드 교회의 3대 신조가 확정된 것이다.[11] 이후 네덜란드 교회사에서 이 세 신조들이 차지하고 있는 역할과 영향은 지대하다. 네덜란드 교회는 이 신조들이 성경을 잘 요약한 가르침이며, 그릇된 주장과 사상을 경계하는 울타리로 받아들였다. 교회가 건강할 때에는 문제가 되지 않지만, 교회가 타락하고 무기력해질 때에는 반드시 성경에 대한 신앙이 흔들리기 마련이다. 이런 위기의 징조가 항상 신조에 대한 태도에서도 나타나며, 이런 현상

---

[11] 3대 신조는 '일체성을 위한 3대 신조(De Drie Formulieren der Eenheid; The Three Forms of Unity)'의 약칭이다. 신조는 분열이 아니라, 일치의 도구라는 뜻이 담겨져 있다.

이 네덜란드 교회사에서는 아주 분명하게 표출되었다. 이 점에서 네덜란드 교회는 고백교회였다. 올바른 고백교회가 되려면 값진 희생을 치러야 하는데, 바빙크의 교회 사랑도 이 점에서 뚜렷한 족적을 남겼다. 이런 투쟁은 이후 네덜란드 교회사에서 계속되었으며, 바빙크의 배경인 분리교회도 이 연장선상에 있다.

개혁교회의 목사들은 스페인과 로마 가톨릭의 압정으로부터 해방시킨 빌럼 판 오란녀를 지지하였으며, 네덜란드를 새 이스라엘로 부르고 이를 전파하기도 하였다. 도르드레흐트 회의의 배경에는 개혁교회 자체 내에서 나타난 이견에 대한 정치권의 관용적 자세가 작용하고 있었다. 비록 이견을 가진 항변파가 정죄를 당하기는 하였지만, 이 회의의 결과 교회법에 지역관리의 동의가 없이는 목사를 청빙할 수 없다는 조항을 삽입하게 되었으며, 관리 2명을 당회에 파견하여 함께 협의하도록 하였다. 3년마다 소집되는 전국총회도 관리의 조언을 받도록 했다. 비록 3개의 도(道)만이 이 교회정치를 승인하였지만, 실제로 교회가 국가와 협의 없이 어떤 일도 독자적으로 할 수 없게 되었다. 이로 인해 19세기 초엽까지 전국총회는 소집되지 못하였다. 결국 시찰(노회)들끼리 협의하고 협약하는 형태로 약 200년간 교회정치가 이루어졌다. 특히 교리문제에 있어서는 전국적인 논의와 해결이 불가능하였는데, 이 틈을 이용하여 많은 교리적인 이견들이 상존할 수밖에 없었다. 하지만 세속정치권은 이를 묵과하면서 교회를 통제하였다. 도(道)정부가 목사의 봉급이나 대학교의 신학부를 지원하였기 때문에 교회가 이 점에서 자유롭지 못했다. 1651년에 네덜란드 중앙의회는 덴 하흐(헤이그)에서 개혁교회의 대회를 소집하고 개혁교회에 대한 보호와, 다른 종교, 특히 로마 가톨릭에 대해서는 이전보다 강하게 통제하겠다고 결의하였다. 이런 결정 자체는 개혁교회가 영적, 신학적, 정치적 자율권을 이미 상실하고 말았다는 것을 반증한다. 17세기 내내 개혁교회는 어중간하게 국가교회의 시늉을 냈고, 그로 인한 긴장은 계속되었다.

19세기 네덜란드 교회를 개혁한 분리운동의 후예 바빙크

이런 상황에서 교회 지도부와 네덜란드의 사회·정치 엘리트들 사이에서 이루어진 연대는 가속되었고, 신학은 주지주의와 스콜라주의에 빠져들었다. 즉, 신앙과 종교적 진리가 명제들로 정리되는 경향을 보였으며, 동시에 경건주의에서 이에 대한 반발 또한 나타나게 되었던 것이다.[12] 네덜란드에서 '계

---

12) F. E. Stoeffler, *The Rise of Evangelical Pietism,* Leiden: Brill, 1965, 115쪽.

속적 개혁'으로 알려진 이 경향은 영국 청교도주의와 독일 경건주의의 영향을 많이 받았으며, 이 신앙적 분위기는 19세기 개혁파 교회에서 일어난 분리교회와 직접적으로 관련되어 있다.[13] 게다가 17세기까지 칼빈주의는 네덜란드 인구의 십분의 일에 불과한 소수파에 속했다. 물론 이들이 정치권과 밀접한 제휴관계를 맺고 있기는 했지만, 국민의 삶 전체에까지 파고들기에는 역부족이었다. 이런 상황이 경건주의의 흐름을 형성하였다. 그렇다고 개인주의적이고 금욕적이요, 반문화적이며 피안적인 기독교라는 경건주의의 일반적인 관점으로 네덜란드의 '계속적 개혁'을 평가해서는 안 된다. 물론, 회개와 살아있는 믿음, 경건의 수행, 개인이나 사회 혹은 국가의 점진적인 개혁 등에 대한 추구가 때로는 배타적인 소모임(비밀집회)을 활성화하는 데에 기여하기도 하였다. 그러나 네덜란드의 '계속적 개혁운동'이 적어도 초기에는 피안을 지향한 것이 아니라, 네덜란드 국가와 교회 전체의 개혁을 목표로 삼았다. 칼빈주의 노선에 따라 네덜란드를 철저하게 기독교화하려고 하였던 것이다. 이런 관심에서 네덜란드를 새로운 이스라엘로 보려는 설교가 등장하게 되었다. 즉, 그들에게는 참된 국민교회와 칼빈주의 국가의 건설이 목표였다.

---

[13] A. Ritschl, *Geschichte des Pietismus I*, Bonn: Adolph Marcus, 1880, 342쪽 이하.

칼빈이 성도의 삶을 '세상 내적 금욕'으로 규정하였다고 말할 수 있다면, 17세기 네덜란드 신학자들은 세상성을 강조했으며, 이에 비해, '계속된 개혁'의 신학자들은 금욕을 더 강조하였다고 볼 수 있겠다. 이런 배경으로 인해 개혁교회 내의 소모임들은 경건주의적 경향을 지녔음에도 불구하고, 교회로부터 분리하지 않고 교회 안에 머물러 있을 수 있었다. 물론, 교회와 정치 지도자들은 이런 모임을 억압하였다. 그래도 이들은 도르드레흐트 회의와 그 교회법에 호소하며, 교회와 사회의 개혁을 추진하려 하였다. 네덜란드의 신학적 정통주의와 신앙적 경건주의는 당시 네덜란드 개혁교회의 세속화 경향을 반대하는 데에 큰 역할을 하였다. 그러나 이들이 얻은 결실은 그리 크지 않았으며, 많은 수가 세상을 등지는 폐쇄주의에 빠지거나, 종교개혁 이전의 네덜란드 신비주의로 회귀하였다. 이처럼 네덜란드 교회에는 분리주의적 경향을 띠면서도 여러 많은 요소들이 혼재하는 경향을 보였다.

경건주의적인 이런 소모임들이 1834년 '분리'의 현장이 된 것은 사실이다. 특히 네덜란드 북부의 흐로닝언과 프리스란트의 소모임들은 네덜란드 교회치리정관(1816)과 교리적 타락에 강력하게 반발하였다. 국가가 교회를 강압적으로 통치하면서 교리를 무시하자, 국가는 교리문제에 관여할 수 없다는 입장에서 교리를 국가의 통치로부터 분리시켜 교리를 파수하려는 무리들이 나타났다. '분리'의 아버지로 불리는 헨드릭 더 콕이 목회하던 울름교회의 교인들은 경건주의 서적들을 참으로 많이 읽었다. 이들과는 달리 더 콕은 그곳에서 처음으로 칼빈의 『기독교강요』를 읽었고, 네덜란드 개혁파의 3대 신조를 재발견하였다. 국가교회와 당시 지배적인 신학에서 무시당하던 네덜란드의 토착적인 「도르드레흐트신경」을 회복시키는 데에 더 콕은 큰 역할을 담당하였다. 「도르드레흐트신경」이란 인간의 자유의지를 거부하고, 그리스도의 대속사역으로 나타난 하나님의 선택적인 사랑과 언약을 담은 고백서로서, 더 콕은 이 언약을 설교를 통해 호소하고 가르쳐 고백적인 교회를 회집시켰고, 나아가 이를 회중이 고백하도록 가르쳤다. 더 콕과 그 회중은 1834년 11월에 거짓교회로 여겨졌던 국가교회로부터 분리하여, 참 예배를 받으실 성경의 주님께로 복귀하겠다는 내용을 담은 '분리 또는 복귀헌장'에 서명하였으며, 바로 이것이 전국적으로 번진 분리운동의 첫 신호탄이 되었다. 분리교회들은 1836년에 모인 첫 총회에서 「도르드레흐트 교회법」을 채택하였고 자신들을 '십자가를 멘 개혁교회'라 칭하였다가, 1839년에 '분리개혁교회'로, 1869년에는 '기독개혁교회'로 개명했다.[14] 이들의 노선은 거국적인 안목을 가진 초

---

14) 1847년경부터 분리교회 교인들이 신앙적이고 경제적인 이유로 대거 미국으로 이주하여 1857년에 '기독개혁교회(The Christian

기 '계속된 개혁'의 노선보다는 피안적 경향을 지녔던 후기에 가까웠다. 이에 비해 초기 노선은 네덜란드 부흥운동15)과 아브라함 카이퍼의 신칼빈주의로 발전하였다.16)

바빙크는 '계속적 개혁'의 후기 노선을 답습한 교회의 출신이지만, 양 경향의 종합을 시도하였다. 바빙크는 「네덜란드신앙고백」 28조를 언급하며 "교회가 직분이나 그 직분의 봉사에 있어 자신들이 만든 규정을 하나님의 말씀보다 상위에 두어 거짓교회임을 드러내게 되면, 성도들은 스스로 분리하여 하나님의 말씀에 따라 새롭게 살아야 하는 거룩한 사명과 피할 수 없는 의무를 지닌다"고 하였다. 즉, 개신교회 안에는 항상 교회에 대한 개혁적인 요소와 해체적인 요소가 공존해야

Reformed Church)'를 조직하였다. 이 교회는 칼빈대학과 칼빈신학교를 직영한다.
15) 1810년경 제네바에서 발원하여 유럽의 개신교회에 나타났던 부흥운동이다. 신학적으로는 개신교의 정통교리를 따르면서도, 특히 개인적인 경건과 사랑을 강조하였다. 네덜란드에서는 덴 하흐와 암스테르담에 거주하는 귀족들 가운데 추종자들이 많았고, 그 영향은 문학, 교육과 사회사업 등에 나타났다. 대표자로는 법률가 빌더데이크와 그의 유대인 제자들인 다 코스타와 카파도스, 더 크레르크와 흐룬 등이 있다. 이들은 분리교회를 심정적으로는 지지하였으나, 동행하지는 않았다. 바빙크가 이들로부터 받은 직접적인 영향은 거의 없다.
16) H. J. Langman, *Kuyper en de volkskerk,* Kampen: Kok, 1950, 28-30쪽. 19세기 네덜란드의 종교 상황에 대해서는 다음을 참고하라: M. Wintle, *Pillars of Piety: Religion in the Netherlands in the Nineteenth Century,* Hull: Hull University Press, 1987.

한다는 것이다.17) 그는 1834년 네덜란드 국가교회의 신앙적, 신학적 타락을 개혁하려던 분리개혁교회를 이런 식으로 변호하였다. 그는 변호에만 머무는 수구주의자가 아니었다. 그는 개혁자들이 씨름하던 개방성과 보편성을 자기 교인들에게 회복시킴으로써 그들에게 공교회성의 안목을 심어주려 하였다. 이 과정을 통하여 작은 나라, 작은 교회에서 태어난 바빙크는 공교회적인 신학자로 성장하였고, 결국 개혁교회와 개신교회의 역사에서 뛰어난 신학적 공적을 남겼다. 이제 그를 만나보자.

---

17) Bavinck, *Gereformeerde dogamtiek*, IV, Kampen: Kok, ⁴1940, 360쪽(이하 『개혁교의학』); Bavinck, *Katholiciteit van christendom en kerk*, Kampen: Kok, ²1968, 50쪽(이하 『기독교와 교회의 보편성』).

2. 출생과 학창시절, 그리고 목회자 바빙크

바빙크의 가문과 출생

헤르만 바빙크는 1854년 12월 13일에 네덜란드의 호오허페인에서 그 지역의 분리 측 목사였던 얀 바빙크의 큰아들로 태어났다. 바빙크 가문은 당시 하노버 왕국에 속한 백작령이었던 벤타임에 오랫동안 정착하고 있었다. 이중 한 파에서 유명한 과학자요 철학자인 베른하르트 바빙크가 나왔으며, 다른 한 파는 일찍이 네덜란드로 이주하여 재세례파 목사를 많이 배출하였다. 바빙크는 벤타임에 정착한 개혁파 집안에서 출생하였다. 바빙크 집안을 비롯해서 그곳에서의 독일계 개혁교회는 지역적으로도 멀지 않았던 네덜란드 개혁교회로부터 많은 영향을 받고 있었다. 얀(헤르만 바빙크의 아버지)이 세살이 되었을 때에 그의 아버지 헤르만 바빙크는 세상을 떠났고, 어머니는 홀로 다섯 딸과 얀을 길러야 했다. 그러나 어머니는 이러한 고생 중에도, 자녀들이 하나님을 경외할 수 있도록 잘 양육하였다. 16세가 되던 해에 얀은 외삼촌의 권유로 당시 네덜란드에서 일어난 신앙 투쟁의 본거지였던 분리 측 교회의 예배에 참석하였다. 당시 벤타임에서는 개혁파들이 핍박을 받고 있었고, 설교자는 투옥을 당하기도 하였다.

얀은 그 지역 분리 측 노회의 추천과 결정으로 1845년부터 신학공부를 시작했다. 이 분리 측 개혁교회는 아직 자체 신학교를 가지고 있지 못했으며, 지역마다 한두 명의 목사가 노회의 승인을 받아, 도제식으로 목사 후보생을 양성하고 있었다. 이러한 신학교육은 1854년 캄펀신학교의 설립으로 통합되었다. 얀은 콕 목사의 지도를 받아 1848년에 목사 임직을 받았다. 그는 교회 안에 있기보다는, 핍박받고 있던 소수의 무리들을 심방하면서, 예배를 인도하는 힘든 사역을 시작하였다. 당회의 재촉으로 얀은 네덜란드의 분리 측 교회 소속의 처녀와 1850년에 결혼하였으며, 1853년에는 네덜란드 호오허페인 교회로 목회지를 옮겼다. 다음 해에 분리 측 총회는 호오허페인에서 남서쪽으로 약 60킬로미터 떨어진 캄펀에 신학교를 설립하기로 결정하고, 분리교회의 지도자였던 판 펠전, 브럼멀캄프, 더 한과 함께 얀을 신학교 교수로 임명하였다. 그러나 이런 선배들과 함께 일할 엄두를 내지 못한 얀은 임명을 사양하였다. 이런 성격은 그의 아들 바빙크에게 그대로 유전되었다. 이에 비해 그의 어머니는 강직하고 추진력이 강했다.

1854년 12월 13일 새벽 12시 반에 헤르만 바빙크가 태어났다. 아버지 얀은 조부의 이름을 손자에게 붙이는 풍습을 따라서, 첫 아들을 헤르만이라 불렀다. 얀은 암스테르담교회의 청빙을 받았으나, 이번에도 판 펠전의 후임이 될 자신이 없어 사양하였다. 하지만 1857년 호오허페인에서 남서쪽으로 약 115킬로미터 떨어진 분스호턴교회의 청빙은 수락하였다. 1862년에는 호오허페인에서 남서쪽으로 약 170킬로미터에 위치한 알름케르크교회로 임지를 옮겼다. 7살이 된 헤르만 바빙크는 그곳에서 처음으로 학교 교육을 받기 시작한다. 아버지 얀은 그 학교에서 요리문답과 더불어 헬라어와 라틴어도 가르쳤다. 얀 부부는 1864년에 첫 딸을 잃었고, 1868년에는 둘째 딸도 잃었다. 1863년에 태어난 아들은 세상에 나온 지 불과 한 달도 못 되어 죽고 말았다. 그러나 다시 아들을 얻게 되었고, 막내 동생이 1872년에 태어났다. 1871년 헤르만 바빙크는 부모의 곁을 떠나, 호오허페인에서 남서쪽으로 약 50킬로미터 떨어진 즈볼러 라틴어 문법학교에 2학년으로 편입하였고, 분리측 집에 하숙하며 이곳에서 2년간 공부하였다. 훌륭한 교사들, 특히 교장과 고전어 선생의 지도 덕에, 헤르만 바빙크는 아주 탄탄한 고전어 교육을 받을 수 있었다. 1873년 3월 30

일 그는 자신의 신앙을 고백하였고 입교하였다. 당시 그곳 목사의 아들 헨리 도스커도 함께 입교하였는데, 그는 미국으로 이주하여 웨스턴신학교와 켄터키신학교 교회사 교수로 활동하였으며, 헤르만 바빙크와는 평생 교류하는 사이가 되었다. 아버지 얀은 신학교 교수직의 제안을 받은 지 약 20년 뒤인 1873년에 캄펀교회의 청빙을 수락하고, 신학교가 있던 캄펀으로 옮긴다. 1873년 7월 15일에 헤르만 바빙크는 졸업시험을 치렀고, 라틴어와 불어와 네덜란드어에서 최우수상을 받았다.

헤르만 바빙크는 당시 네덜란드 최고의 신학부인 레이던대학교 신학부에서 신학을 학문적으로 깊게 연구하고 싶었다. 그러나 헤르만 바빙크의 졸업시험 이틀 뒤에 캄펀에서 첫 설교를 한 아버지는 어머니와 함께 1년이라도 집에 머물기를 권하였다. 결국 헤르만 바빙크는 마지못해 이 청을 받아들였고, 다음 해인 1874년 6월에 레이던 행(行)을 결정하게 된다. 상황이 이렇게 되자 신학교 교수들은 교수회를 소집하여 이 사실을 논의하고, 아버지 얀으로 하여금 아들을 설득하여 결정을 번복하도록 요청하였다. 신앙의 순수성을 지키기 위하여 분리했던 조그마한 개혁교회의 목사 아들이, 그것도 신학교가 있던 캄펀교회의 목사 아들이 자기 교파의 신학교를 중퇴하고, 신앙의 순수성을 훼손하는 현대주의의 본거지로 인식된 레이던대학으로 유학을 떠난다는 것은 당시에는 받아들이기 힘든 사건이었기 때문이었다. 브럼멀캄프는 1878년 얀 목사가 다른 지역의 교회로 청빙을 받게 되자, 학교와 교회에 혼란을 야기한 얀 목사가 차라리 캄펀을 떠나는 것이 좋다고 공언할 정도였다. 물론 그는 헤르만 바빙크가 스스로 결정한 일이었다는 것을 알고 있었지만, 아버지 얀 목사가 아들 헤르만을 강제로라도 만류하지 않은 것을 못마땅하게 여겼던 것이다. 그렇지만 사실 브럴멜캄프와 헤르만 바빙크와의 관계는 아주 좋았다. 그 1년 동안 캄펀이 헤르만 바빙크에게 미친 영향은 그렇게 크지 않았다. 다만 헤르만 바빙크의 일기에 의하면, 갓 국회의원이 된 카이퍼(1874년 3월 20일)가 1874년 3월 24일에 캄펀의 학생들 앞에서 「네덜란드 헌법에 보장된 자유의 원천과 보장인 칼빈주의」라는 제목으로 특강을 하였다. 이것은 헤르만 바빙크의 일생에서 뗄레야 뗄 수 없는 두 사람의 첫 번째 조우였다.

'사자굴' 레이던으로 간 탁월한 학생 헤르만 바빙크

1874년 9월 23일, 헤르만 바빙크는 캄펀에서 배를 타고 암스테르담으로 가서, 그곳에서는 육로로 레이던으로 향하였다. 레이던은 캄펀에서 서남쪽으로 약 150킬로미터의 거리에 있었다. 도착과 동시에 그는 신학부의 예과 과정에 등록하였다.

현대 신학의 본거지였던 레이던에는 스홀턴과 쿠우넌, 틸러 등이 있었는데, 이들로 인하여 레이던은 유럽에서 큰 명성을 누리고 있었다. 나중에 바빙크의 박사논문의 지도교수가 될 스홀턴은 자연주의와 철학적 일원론의 입장에서 개혁신학의 전통을 해석하였다. 그의 해석과 강의는 뛰어났으며, 헤르만 바빙크는 그로부터 옛 개혁신학에 대한 지식을 전수받았고, 교의학을 명쾌하게 강의하는 방법도 배웠다. 쿠우넌은 스홀턴의 제자로서 이미 27세에 구약신학의 정교수가 되었고, 스승과 함께 레이던의 명성을 주도하고 있었다. 쿠우넌은 구약 비평학의 선두주자로서 윤리학도 가르쳤다. 그는 자료를 정확하게 다루면서 결론을 도출하였는데, 헤르만 바빙크는 그의 초상화를 수년간 공부방에 걸어놓을 정도로 그를 존경하였다. 헤르만 바빙크는 그로부터 자료를 정확하게 처리하는 법을 배웠다. 틸러는 종교사를 가르쳤는데, 나중에 그의 종교사는 제더블롬의 손에서 출판되어 세계적인 명성을 얻었다.[18] 그렇지만 헤르만 바빙크가 등록하였을 때에는, 이들이 이미 노년에 접어들었고, 학생들은 교수들의 현대주의가 새로운 시대적 변화에 답을 줄 수 없다는 것을 인식하고 있었다.[19]

---

18) N. Söderblom, *Kompendium der Religionsgeschichte*, 1903. 그는 1930년에 노벨평화상을 받은 스웨덴의 루터교 신학자이다.

19) V. Hepp, *Dr. Herman Bavinck*, Amsterdam: Ten Have, 1921, 44-45쪽.

네덜란드의 신학교육에서는 첫 해에 주로 언어에 집중하며, 논리학이나 철학도 공부한다. 바빙크도 헬라어와 라틴어를 공부하였을 뿐 아니라, 별도로 문학부에서 셈어를 전공하기 시작하였다. 그와 평생지기가 될 친구요, 신학적으로는 자유주의자인 스눅 후르흐론녀는 아예 셈어를 전공하고 외교관으로 있다가, 1907년에 레이던대학교 셈어 교수가 된다. 바빙크는 특히 논리학과 형이상학을 가르친 란트의 영향을 많이 받아 평생 옵조오머의 경험주의를 경계하고, 칸트를 따라 18세기의 합리주의를 비판적으로 보게 되었다. 당시 교수들은 학생들과 아주 가깝게 지냈으며, 바빙크는 이런 분위기 속에서 교수들과도 밀접한 관계를 유지하였다. 이러한 신학적 자유주의 속에서도 불구하고 분리 측의 아들이었던 바빙크는 자신의 신앙을 놀랍게도 흔들림 없이 지켰나갔으며, 이는 후에 자신의 교수사역 25주년을 기념하면서 스스로도 놀라운 일이었다고 평하기도 하였다. 바빙크는 사람 사귀기를 좋아하는 성격이었던지라, 여러 친구들과 자주 어울렸다. 또 신앙을 지킬 목적으로 레이던에서 같은 분리교회 출신 학생들과 학생회와 독서회를 조직하여, 이들과 함께 독일, 프랑스 고전들을 읽고 토론하였다. 바빙크는 그 시절부터 독서하는 책마다 내용을 정리하고 평가하는 습관을 길렀다.

헤르만 바빙크가 레이던에서 치른 첫 시험은 예과 과정에

1876년(22세) 학생시절의 모습과 친구 스누크에게 보낸 편지 사본.

속한 수학시험이었다. 1876년 5월 24일에 바빙크는 예과 통과 시험을 치렀고, 최우등으로 이 과정을 마쳤다.[20] 분리 측 교회에서 목사로 일하고 싶던 그는 같은 해 6월 11~12일에 캄펀신학교에서도 같은 성격의 시험을 치렀고, 역시 좋은 성적으로 통과하였다. 바빙크는 목사후보생에게 요구되는 신학졸업시험을 두 차례에 걸쳐 치렀다. 1877년 12월 14일에 종교사, 신론, 구약 주석과 이스라엘 문학 등을, 그리고 1878년 4월 3일에 종교철학과 기독교사, 그리고 신약 주석 및 고대 기독교문학 등의 과목을 치렀다. 그는 이 시험에서도 우등의 성적을 얻었다. 그는 여기에서 멈추지 않고 그 해 9월 20일에 셈어문학 졸업시험에도 응하여 합격하였다. 이 공부는

---

20) 'summa cum laude.' 유럽교육의 평가방식은 우리와는 다른 독특한 면을 지니고 있다. '최우등'이라는 평가는 여러 사람들 가운데서 '1등'을 하였다는 의미가 아니다. 개별적으로 모든 시험 과목을 구두로 치르는데, 그 성적이 누구와 비견하여도 뛰어나다는 뜻이다.

그의 교의학이 주석적 기초를 이루는 계기를 마련하여 주었다. 그의 친구 스눅 후르흐론녀도 신학분야는 그보다 하루 전에, 셈어문학은 같은 날 졸업시험을 치렀다. 바빙크는 공부를 계속하였고, 1879년 4월 4일에는 신학석사시험을 치렀고, 이번에도 우등의 성적을 얻었다. 석사시험에는 1차로 구두시험이 있었는데, 과목은 이스라엘 종교사, 기독교와 기독교윤리, 기독교역사였다. 2차는 논문이었는데, 주제는 교수가 제시하고 일주일간 준비하게 한 뒤에, 교수들 앞에서 구두로 답변하는 방식이었다. 그가 받은 주제는 '슐라이어마허가 성경해석에 끼친 영향'이었다. 석사를 마치고 잠깐 캄펀에 머물 때, 문법학교 시절부터 사귀었던 두 명의 친구와 겨울 내내 헤페가 편집한 『개혁교의학』(1861)을 읽고 토론하였다. 이들은 당시의 윤리신학파에 매력을 느끼고 있었는데, 바빙크는 먼저 개혁신학의 전통을 제대로 공부한 후에 입장을 정리하자고 제안하였다. 이로써 그는 친구들의 신학적 동요를 진정시키고 치유할 수 있었다.[21]

---

[21] Hepp, 68-69쪽. 당시 윤리신학파의 대부 샹뜨삐 더 라 쏘세는 네덜란드 신학계에 상당한 영향을 미치고 있었다. 바빙크는 1884년에 그에 대한 연구를 발표하였다. 그 외에도 베이츠, 후닝 등이었다. 이들은 부흥운동과 슐라이어마허의 영향을 받았다. 계시는 양심을 향하며, 인간은 지존자의 윤리적 요구 앞에 서있다는 것을 양심으로 의식한다. 하나님의 진리는 사람에게는 생명이며, 이성을 겨냥하지 않고 신앙을 형성하는 특성을 지닌다. 자연적 신지식

박사학위논문: 「츠빙글리의 윤리학」

바빙크는 내친 김에 박사 과정도 밟기로 하였다. 당시에는 논문만 쓰면 학위를 받았다. 그런데 주제를 정하는 것이 쉽지 않았다. 처음에는 분리교회의 역사를 주제로 추천받고서 자료를 수집하였으나, 별 흥미가 나지 않아 중단하였다. 그러다가 10월 중순 쯤에 츠빙글리의 윤리를 주제로 정하고, 쿠우넌 교수에게 편지로 의견을 물었다. 이에 그는 스홀턴의 지도를 받으라고 추천하였다. 스홀턴은 츠빙글리를 철저한 결정론자로 보았으며, 자기 저서를 유일한 참고도서로 언급하였다.[22] 바빙크가 얼마나 열심히 연구하였던지 이미 1880년 4월 16일에 쿠우넌은 바빙크에게 논문 초고를 읽었다는 편지를 쓸 정도였다. 그 편지에서 쿠우넌은 바빙크의 논문이 츠빙글리의 윤리적 원리를 소신 있게 진술하고, 그를 다른 개혁자들, 주로 칼빈과 비교함으로써 그의 특성을 명백하게 기술하고 있다고 칭찬하였다. 물론 비판적인 언급도 있었으나, 이것은 비평학자가 정통 신학을 추구하는 학생에게 주는 약한 수준의 비판일 따름이라고 첨언하였다. 비공개 학위수여식은 그해 6월 10

을 강하게 인정하며, 과학에 대해서도 개방적이어서, 때로는 기독교 교리를 강하게 비판하기도 하였다.

22) J. H. Scholten, *De leer der Hervormde Kerk in haar grondbeginselen uit de bronnen voorgesteld en beoordeeld I-II*, Leiden: Van Engels, [4]1870.

일에 있었다.[23] 친구 스눅 후르흐론녀와 빌더부르가 들러리를 섰고, 질문자로는 스홀턴과 쿠우넌, 그리고 실천신학의 프린스와 교회사 및 종교철학을 담당한 라우언호프 교수 등이 나섰다. 바빙크는 자기 논문을 탁월하게 변호하였고, 교수회는 우등이라는 평가로 그에게 신학박사학위를 수여하였다. 교수 모두는 하숙집을 방문하여 그를 축하했고, 바빙크는 절친한 친구들과 정찬을 나누었다. 그의 박사학위논문을 간략하게 살펴보자.

바빙크는 어떠한 윤리학적 전제도 없이 츠빙글리의 윤리에 접근하였다. 그리고 츠빙글리가 '그리스도인의 삶'을 출발점으로 삼았다고 보았다. 그는 스홀턴의 지도를 존중하여 선택론과 윤리의 관계도 심도 있게 다루었는데, 즉 츠빙글리는 철저하게 숙명론에 빠져있었고, 스토아사상의 영향을 벗어나지 못하였다고 지적하였다. 인간론에서는 플라톤과 세네카의 영향을 받았고, 선악을 절대적으로 대비시키는 것도 스토아사상에서 왔다고 보았다. 츠빙글리는 또한 윤리는 크게 강조하였지만, 죄책은 중시하지 않았으며, 종교적인 면도 상대적으로 무시하였음을 지적하였다. 그리고 바로 이 때문에 칼빈과는 달리, 츠빙글리에게는 이방인의 미덕을 호의적으로 보면서,

---

23) *De ethiek van Ulrich Zwingli*, Kampen: Zalsman, 1880.

때로는 특정 이방인의 구원 가능성까지 논하게 된다. 결정론적 예정론을 따르다 보니 츠빙글리는 하나님을 죄의 원인자로 만들어버렸고, 죄의 종교적 의미도 약화시켰다. 하나님은 그리스도 없이도 죄를 사할 수 있었으나, 다만 그리스도 안에서 자비와 의를 시위할 의향을 가지고 있었다는 식이었다. 그리스도인의 삶은 모든 외적 권위로부터 자유로우며, 자기 자신의 제약만을 받는다. 따라서 내적인 말씀과 인간의 주체가 중심이 된다. 츠빙글리는 산상보훈을 포함한 그리스도의 모든 계명을 문자적으로 이해하였으며, 인간의 죄악과 욕심이 사유재산제도를 창출하였다고 보기 때문에, 재세례파와 동일하게 유무상통을 이상으로 삼았다. 결혼제도도 간음을 방지하기 위한 제도라고 보았다. 헤르만 바빙크는 츠빙글리가 성경보다 내면적 의식을 강조하는 것에 동의하지 않았으며, 재세례파와의 연계성도 비판하였다.

바빙크의 후기 작품과 비교해 보면, 그는 박사학위논문에서는 다른 개혁자들보다 츠빙글리에 대해 아주 호의적인 입장을 취했음을 확인할 수 있다. 가령 츠빙글리는 의롭게 하는 신앙에서 출발하는 루터나 칼빈과는 달리, 신앙의 윤리적인 이해를 통하여 신앙과 행위가 지닌 심리적 관계를 더 잘 표현하였다고 본다.[24] 또 다른 개혁자들에게는 교의적이거나 스콜라적인 성향이 강하나, 츠빙글리는 윤리적인 측면을 잘 보완하고 있다고 보았다. 루터의 정서나 칼빈의 정신력과 같은 탁월한 특성이 없는 것이 츠빙글리의 특성이요 장점으로 본 것이다.[25] 츠빙글리의 인간적인 면모나 자기와는 다른 입장에 대한 존중, 광범위한 역사적 안목 그리고 윤리적인 관점은 다른 두 개혁자들과는 달리 바빙크가 살던 시대의 정신과 합의된다고 지적하였다. 만약 츠빙글리의 입장을 약점으로만 보지 않고 고유한 특성으로 볼 수 있다면, 그가 루터나 칼빈보다 더 뛰어난 인물이었다라는 평가까지 내린다. 바빙크는 논문에서 진리는 편재하며, 이 진리를 다 소유할 자는 아무도 없다는 말로 츠빙글리에 대한 평가를 마감한다. 칼빈이 도덕적인 것을 기독교적인 것에만 국한하였다면, 츠빙글리는 기독교적인 것을 도덕적인 것에까지 확대하였다고 바빙크는 보았다. 바빙크는 츠빙글리가 지닌 포용적이고, 조화를 추구하는 입장을 스스로 추구하였던 것이다. 이것은 레이던의 정신이 칼빈보다는 츠빙글리에 더 가까웠다는 말이기도 하다. 그럼에도 그는 자신이 분리 측의 후예임을 잊지 않았다. 학위논문에 첨가된 일곱 번째 명제에서 그는 네덜란드 신앙고백에 비추어 볼 때 1834년의 분리는 정당하다고 주장하였다. 그러나 그 이후에 나온 어느 저작에서도 바빙크는 더 이상 츠빙글리를 이와 같이 호평하

---

24) 앞의 책, 22쪽, 51쪽.
25) 앞의 책, 6쪽, 60쪽.

지 않았으며, (루터나) 츠빙글리가 아니라 칼빈의 입장을 더 따르게 된다.26) 바빙크의 학위논문은 호평을 받았다. 분리교회의 잡지였던 『자유교회』는 바빙크의 천재성을 숭배하지는 말라는 식의 경고와 함께 그의 논문을 격찬하였다.27)

바빙크의 경건과 목회 준비

바빙크의 학문적 준비 과정은 이로써 끝이 난다. 그렇다면, 그의 영적인 측면은 어떻게 발전하였는가? 그는 레이던 기독개혁교회의 충실한 교인으로 살아왔다. 일기장이나 메모에서는 '그리스도의 합당한 제자'가 되고 싶다는 열망을 자주 볼 수 있다. 회의와 투쟁 가운데서 공부한다는 발언도 나타나는데, "그리스도를 통하여 계시된 심오한 진리에 대한 느낌"이 항상 함께 한다는 것도 잊지 않고 있었다. 나아가 공부의 와중에서도 감사하며 기도하는 자세를 견지하였다. 신학졸업시험 후에는, 아우구스티누스를 연상시키는 기도가 일기장에 담겨 있다. "하나님 아버지여, 저의 하찮은 기도를 들어 주시옵소서. 다시 간구하오니, 저에게 심령의 겸손과 감사의 태도를 허락하여 주시옵소서."28)

---

26) *De algemeene genade,* Kampen: Zalsman, 1894, 6쪽.
27) H. Beuker, *De Vrije Kerk*, 1880, 333쪽 이하.

레이던 시절에 헤르만 바빙크는 교회와 국가의 발전에 대해서도 깊은 관심을 가지고 지켜보았다. 레이던에 도착한 직후에 바빙크는 카이퍼가 공개 토론하는 모습을 지켜볼 수 있었고, 1879년에는 당시 하원의원으로서 덴 하흐(헤이그)에 거주하고 있던 카이퍼를 방문하기도 하였다. 카이퍼와는 학위논문 주제나 성경 영감 등에 대해 대화를 나누기도 하였으나, 별로 도움이 되지는 않았다고 일기장에 적고 있다. 그러나 카이퍼는 바빙크를 따뜻하게 영접해 주었고, 그의 능력을 간파한 나머지 1880년 10월에 개교 예정인 자유대학교 고대 근동언어 교수 자리를 바빙크의 학위취득 직전에 제안하였다.[29]

---

28) "Et tu, Deus paterque, exaudisti preces meas indignas. Denuo precor, ut mihi humilitatem cordis des et gratitudinem"(1876년 4월 3일자 일기).

29) 자유대학교는 학문의 비기독화에 대한 적극적인 대안이었다. 분리교회와 부흥운동 지도자들이 기독교대학을 설립하려 하였으나, 이러한 노력이 1851년에 좌절되었고, 이 일을 카이퍼가 1870년부터 다시 시도하였다. 1875년에 기독교 초등교육의 권리가 확보되자, 그때부터 기독교 고등교육의 실현을 추구하였다. 게다가 1876년에 발효된 고등교육법은 신학부를 종교학부로 개칭하면서, 이른바 '이중 구조(duplex ordo)'를 도입한다. 즉, 당시의 실증주의적 학문 이해와 자유당의 긴축정책으로 인하여 구약과 신약까지 포함된 역사과목을 국가가 임명한 교수가 가르치고, 교회가 임명한 특별 교수는 조직적이고, 실천적인 과목만을 가르치도록 규정하였다(W. Balke, "Duplex ordo. Dubbele orde alleen voor de theologische faculteit?", in *idem, Heel het Woord en heel de kerk*, Kampen: De Groot Goudriaan, 1992, 101-105쪽 참조). 이 고등교육법은 국가로부터 자유로운 대학교의 설립을 허락하였으니, 이런 상황에서 기독교대학교의 설립은

이에 바빙크는 자유대학교가 자리 잡을 암스테르담으로 가서, 카이퍼 및 관계자들을 만나 면담하였고, 며칠 뒤 두 번째 면담을 하고 난 후, 청빙을 수락하였다. 그러나 얼마 되지 않아 바빙크는 이를 서둘러 철회하였다. 당시 그의 일기장에는 자신이 이를 만약 수락하였다면, 이것은 카이퍼의 뜻을 따르고 영광을 위한 연구를 추구하였기 때문이었을 것이라고 씌어있었다.

학위를 끝마친 그 해 6월 바빙크는 곧장 캄펜에서 신학졸업시험을 치렀고, 텐 호르를 비롯한 다른 두 명과 함께 합격하였다. 설교시험의 본문으로 「마태복음」 15장 14절의 앞부분이 제시되었는데, "그냥 두어라, 저희는 소경이 되어"라는 바로 이 구절에서 시험관은 레이던대학 교수들을 염두에 두고 있었다. 이에 바빙크는 분노하였으며, 시험을 거부하고 차라리 목사의 길을 포기하겠다는 발언까지 하였다. 아버지 얀은 아들을 설득하려 하였으나 실패로 끝났다. 하지만 다행스럽게도 아들의 친구들을 동원하여 겨우 마음을 돌려 시험을 별다

절명의 과제로 등장하였다. 카이퍼와 루트허르스가 이 일을 주동하였다. 1878년 1월 25일에 우트레흐트에서 40명이 개혁파 고등교육협회(Vereeniging voor Hooger Onderwijs op Gereformeerden grondslag)를 창설하였으며, 네덜란드 정부는 1879년 2월에 협회의 정관을 승인하였다. 연 기부금 25길더를 납부하면 협회의 의결 회원이 되는 조건이었다.

른 사고 없이 치를 수 있게 하였다. 사실 시험관은 기독개혁교회의 여론을 그 본문을 통하여 대변한 것이었다. 바빙크가 레이던으로 가기로 결정하였을 때에, 브룸멀캄프는 얀 바빙크 목사에게 "그대는 아들을 사자 굴에 내치는 꼴이요"라고 말하기도 하였다.[30]

상당한 세월이 지난 후 1902년에 헤르만 바빙크는 레이던의 유익에 대하여 다음과 같이 피력하였다.[31] 레이던은 대적들을 이해하도록 훈련시켰으며, 투쟁과 의심의 골짜기를 지나 본질적으로 옳고 선한 것을 찾게끔 도와주었다는 것이다. 그러나 내적으로 그리고 영적으로 빈약하고 갈급하게 만드는 단점 또한 갖고 있음을 바빙크는 알았다. 이러한 위험에도 불구하고, 바빙크는 학문적으로 뒤떨어졌을 뿐 아니라, 폐쇄성의 위험을 안고 있는 캄펀을 떠나, 레이던이 주는 유익을 획득하려는 모험을 감행하였다. 이로서 신생 교회는 첫 신학박사를 얻게 되었지만, 지나온 그의 수학 과정에 대한 불안으로 인해 그를 넓은 팔로 영접하는 아량을 보이지는 못하였다. 그러나 그런 불안은 근거가 없는 기우였을 뿐이었다. 내적인 신앙 투쟁의 가운데서도, 바빙크는 부모로부터 받은 신앙교육에 힘입어 자신의 신앙을 지켰고, 자기 교회와의 관계도 상실하

---

30) Hepp, 83쪽.
31) *Godsdienst en godgeleerdheid,* Wageningen: Vada, 1902, 13쪽 이하.

지 않았다. 이런 투쟁의 기초 위에 다져진 그의 신학수업은 결국 자기 교회를 위하여 유용하게 사용할 수 있는 것으로 키워나갔다. 교회의 미온적이고 유보적인 영접에 비하여 흐룬과 카이퍼가 주도하는 네덜란드의 칼빈주의 부흥운동의 지도자들은 단번에 바빙크에게 큰 기대를 가지고 주목하기 시작하였다. 앞으로 그의 사역은 자기 교회와 이 칼빈주의 부흥운동 세력의 한 가운데에서 전개될 것이다.

목회자 바빙크

1880년 9월 18일, 바빙크는 레이던에서 동북쪽으로 약 200킬로미터 떨어진 프라너커로 가서 청빙설교를 하기 시작하였다. 바빙크는 10월 3일에 당회의 청빙을 받고, 11월 2일에 이 청빙을 수락하였다. 흥미로운 사실은 프라너커 시찰이 시행한 목사고시에서 보스 목사가 교의학을 담당했는데, 이것은 이후 특히 1902년에 정반대의 입장을 취하게 될 두 사람의 첫 만남이 되었다는 것이다.[32] 캄펀을 떠나기 전, 바빙크는 신학교

---

[32] 장로교회는 목사고시를 노회에서 관장하는 데 비해, 개혁교회에서는 노회보다 규모가 작은 시찰이 이를 담당한다. 신학을 마친 자는 소속 시찰에서 1차 목사고시를 치르고, 청빙교회가 속한 시찰에서 마지막 고시를 본다. 한마디로 시찰은 장로교회의 노회와 시찰의 역할을 동시에 수행한다. 노회와 비견할 수 있는 지역노회는

학생들에게 "최고선으로서의 하나님의 나라"라는 특강을 하였다. 그는 개신교신학이 '신국'이라는 말 대신에 '불가시적 교회'라는 말을 사용하는 것을 비판하였다. 그는 하나님 나라(신국)가 영적이고 영원하며, 불가시적이고 장래적 종말론적인 실재이며, 그렇기 때문에 동시에 현재적이고 내재적이라고 보았다. 교회는 임하고 있는 신국을 지시해야 한다. 교회는 신국을 향하는 가장 중요한 방편이며, 동시에 신국의 핵심이요 살아있는 중심이다. 신국은 하늘과 땅의 모든 선한 것의 총체이며, 자유로운 인격성을 성취시킨다. 신국을 실현하는 방식으로 우리의 인격도 발전한다. 동시에 신국은 모든 집단의 관계를 보여주기도 하는데, 여기에는 국가와 교회와 문화가 모두 포함된다. 국가는 인간 상호관계를, 교회는 하나님과의 관계를, 문화는 인간과 우주와의 관계를 규정하며, 가정은 이 모든 관계의 기본이요 신국의 가장 순수한 형상이다. 이 기관들은 영역 주권을 고유하게 가진다. 천년왕국의 위기를 거친 뒤에 신천신지(新天新地)가 올 것이다.[33] 바빙크는 이 특강을 통하여 경건주의적인 경향에 있던 교회와 교인과 신학생들에게 넓은 안목을 제시하려 했다.

시찰의 일을 살피며, 총회 총대를 선정한다.

33) H. Bavinck, *Kennis en leven,* Kampen: Kok, 1927, 34쪽, 47쪽. 이 책은 바빙크의 논문 모음집이다.

아버지 얀 목사는 1881년 3월 13일에 아들을 목사로 임직시켰다. 바빙크는 초임 목사로서 비교적 큰 교회에서 목회한다는 것이 상당한 부담이 되었다.[34] 교수로 임명되는 바람에 그의 목회기간이 길지는 않았지만, 그는 전심전력을 기울여 목회에 임하였다. 바빙크는 목회 이외의 활동에도 관여하였는데, 1881년 8월, 후에 동료 교수가 될 빌링하 목사가 당시 기독개혁교회 안에서 가장 영향력이 컸던 신학잡지『자유교회』의 편집장직을 요청하였고, 이미 편집위원으로 일을 했던 바빙크는 이 청을 받아들였다.

바빙크는 교인들과 교제하고 목회의 실천적인 면을 배우면서, 레이던이 주지 못하였던 많은 것들을 경험한다. 레이던 선생들이 자신의 신앙을 빼앗지는 못했지만, 진리를 대하는 그들의 태도로부터 많은 영향을 받았기에 바빙크는 자신이 어린시절에 가졌던 진리에 대한 아이와 같은 신앙을 이젠 더 이상 회복하지 못할 것을 알았고, 이를 애석해 하기도 하였다. 그러면서도, 그는 다른 한편에서는 이를 다행이라고 여겼다.[35] 그는 현대 신학이 제기하는 문제의식만큼은 충분히 이해하고 있었다. 전임자가 선택교리에 대해 자주 설교하여 교회내에서 많은 혼란이 일어났었는데, 바빙크의 균형 잡힌 설

---
34) 친구 스눅 후르흐론녀에게 보낸 1880년 11월 13일자 편지.
35) 친구 스눅 후르흐론녀에게 보낸 1881년 1월 13일자 편지.

교로 인하여 이 혼란을 치유할 수 있었다. 바빙크는 평범한 여자 교인들이 많은 성경구절을 암송하는 것에 자극을 받기도 했는데, 이를 통해 성경을 더욱 깊이 연구하는 계기로 삼았다. 그럼에도 당시 그에게는 학자로서 연구할 여유가 거의 없었다.

1882년 2월에 암스테르담교회가 바빙크를 청빙하였다. 수도에 있는 교회가 목회 초년병을 청한 것 자체가 그에게는 큰 영광이었고, 프라너커교회보다 2배에 가까운 사례를 제시한 것도 특이하였다. 그러나 그는 이 청을 사양하였다. 비슷한 시기에 자유대학교의 이사장 페이릭스 목사가 바빙크를 신약 교수로 청빙하였다. 두 번째 청빙이었다. 그는 이 청빙을 수락하고 싶었으나, 그 해 8월에 있을 총회가 자신을 캄펀신학교 교수로 임명할 것을 기대하면서 이를 사양하였다. 그는 이사장에게 다음과 같은 편지를 썼다. "저는 저의 교회를 사랑합니다. 그리고 이 교회의 발전을 위하여 일하고 싶습니다. 신학교의 부흥이 제 마음의 소원입니다. 이 기관에는 쇄신되어야 할 일들이 너무나 많습니다. 기독개혁교회는 8월 총회에서 이에 대해 논의할 것입니다. 솔직히 말씀드리면, 총회가 저에게 신학교에서 일할 자리를 제안할 것을 내심 바라고 있습니다."36) 바빙크는 총회가 이런 의사를 갖고 있지 않다는 것을 공표하지 않는 한, 자기 교회를 떠나 다른 곳에서 헌신

할 자유가 없다는 것을 계속 역설하였다. 이 내용은 나중에 기독개혁교회와 자유대학교를 중심으로 한 교회 간의 관계를 이해하는 데에 좋은 잣대가 될 것이다. 물론 신생 자유대학교에 대한 호의적인 입장을 가지고 있고, 비록 신학교가 학문적 수준에서는 떨어졌지만, 헤르만 바빙크는 자기의 출신 배경을 인식하고, 자기의 선택과 책임이 최우선적으로 어디에 있어야 하는가를 정직하게 파악하고 있었던 것이다.

바빙크는 신학적인 작업에도 관심을 기울였다. 4명의 레이던 교수의 공저인 『순수신학개요』를 편집하여 1881년 4월에 이를 출판하였다.37) 제5쇄가 1658년의 일이었으므로, 바빙크의 편집은 6쇄에 해당된다. 그는 서문에서 네덜란드 개혁교회가 고백한 신앙의 내용이 이제는 새롭게 부흥되고 있다고 썼다. 이와 동시에 그는 자신이 점차 더욱 '개혁파'가 되어가고 있다고 한 편지에서 실토하였다. 이 말은 레이던 시절의 갈등이 극복되었다는 의미이다. 이 책의 출판은 네덜란드 신학의 전통을 이어가려는 그의 의도를 잘 반영하고 있다.38) 1882년,

---

36) R. H. Bremmer, *Bavinck en zijn tijdgenoten*, Kampen: Kok, 1966, 39쪽.
37) J. Polyander, A. Rivetus, A. Walaeus & A. Thysius, *Synopsis Purioris Theologiae*, 1625. 52장, 669페이지로 구성된 이 책은 도르드레흐트 회의(1618~1619) 이후 개혁파의 신학을 요약하고 있는데, '순수'는 항변파의 주장과 구별된다는 뜻이다.
38) 헤페가 편집했던 개혁파 교의학(1861)을 칼 바르트가 읽었던 것과 같은 방향전환의 의미가 바빙크의 이 편집작업에 숨겨져 있다고

교회의 신학적 사명을 고취하는 글에서 그는 개혁파의 원리는 모든 삶의 영역을 포괄하며, 보편적이라고 설파했다.

1882년 8월, 바빙크는 총대로서 즈볼러 총회에 참석하였다. 총회는 투표를 통해 빌렁하, 린더보옴과 함께 바빙크를 교수로 임명하였다. 28년 전에 같은 지역에서 열린 총회에서 신학교 교수로 임명을 받은 아버지 얀도 총대로 참석하고 있었다. 총회 직후 열린 이사회는 바빙크에게 교의학 분야를 맡겼다. 예과 과정에 속하는 철학과 헬라·로마 문화사 및 헬라어도 담당하게 되었다. 그는 10월 8일에 프라너커교회에서 고별설교를 하였다. 그곳 서점의 거래 장부를 보면, 바빙크는 칸트, 셸링, 쇼펜하우어, 리츨 등의 책을 구입한 것으로 되어있다. 그의 관심을 보여주는 목록이다. 이로써 그의 1년 7개월의 목회 생활은 끝을 맺었다. 그의 목회는 현대주의의 영향을 정화하는 좋은 계기가 되었다. 신앙과 고백의 최고 수준을 유지하면서 성도들과 사귀는 즐거움도 있었다. 그는 교회 안팎에서 존경과 사랑을 받았고, 주일날 교인들이 너무 많아 교회가 협소해지기도 하였다. 그러나 목사로서 혼자 사는 외로움도 겪어

하겠다. 1924년에 처음으로 교의학 강의를 준비하던 바르트는 슐라이어마허나, 리츨의 영향보다는 개혁자들을 통하여 성경으로 돌아가는 길이 더 의미 있고, 당연하다는 것을 발견했다고 고백한다 (H. Heppe, *Die Dogmatik der evangelisch-reformierten Kirche*, 1861. E. Bizer, ed.. Neukirchen, 1958, VII 참조).

야 했다.39) 바빙크는 그 해 11월 6일부터 캄펜에 정착하면서 아버지의 사택에서 기거하게 되었다.

---

39) 친구 스눅 후르흐론녀에게 1881년 7월 16일, 1882년 11월 10일에 쓴 편지.

3. 교회통합의 견인차

캄펀신학교의 역사

캄펀신학교 설립에는 두 가지 배경이 있다. 첫째로, 경건주의의 영향을 받은 설교자들이 분리교회에 많이 가담했지만, 그들의 경건생활에 대한 특징으로 인해 극심하게 분열되기 시작했다. 이들은 각기 도제교육으로 젊은이들을 목사로 양성하고 있었다. 1854년 이들 중 대부분의 분파들이 합동을 했으며, 이를 기념하기 위하여 신학교를 설립하였다.

둘째로, 19세기 네덜란드의 교육은 중립적이었던 국가가 장악하였는데, 계몽사조와 프랑스혁명의 영향으로 교육의 내용은 비기독교 내지는 반기독교적이었다. 흐룬이 주도했던 기독교학교운동은 초기에 기독교 초등교육을 겨냥하여 정착시켜 나가면서, 점차로 기독교 고등교육의 필요성도 느끼기 시작하였다. 초기 단계에서 학문의 기독교화는 신학의 사명이라고 인식되었다. 1850년대까지 성경과 개혁신조를 받아들이면서 신학교육을 시키는 학교가 없었다. 성경을 믿는 신학박사가 제 아무리 탁월하다 하더라도 왕립대학교의 신학부에 임명을 받지 못하는 형편이었다. 옛 국가교회 안에 있는 순수 개혁파나 부흥성경운동에 속한 자들과 분리 측도 독자적인 신학교 설립에 관심을 가졌다. 특히 브럼멀캄프와 보름서가 이에 적극적이었다. 1851년경에 건물과 재정지원을 확보하였고, 개혁교회의 3대 신조를 기초로 한다는 원칙까지 세웠다. 그런데, 바로 그 해에 암스테르담에서 열린 분리 측 총회에서 옛 국가교회가 참 교회의 표지를 다 상실했다고 선언하기에 이르렀다. 옛 국가교회가 분리교회의 비판처럼 타락한 상태에 있었다는 것을 인정하면서도 참된 고백교회로 회복할 것을 열망하던 자들은 이 선언으로 인하여 분리 측과의 협력을 중단할 수밖에 없었다.

도제교육으로 목사를 양성하던 분리 측에게는 자체적으로 신학교를 설립하는 길만이 남았다. 이리하여 1854년 12월 6일에 캄펀에서 신학교가 개교하였다.[40] 목사 양성을 위하여

---

40) 지금은 바다의 매립으로 대륙에 속해있지만, 당시 캄펀은 바다에 인접한 항구였다. 1441년에 한자동맹에 가입하였고, 19세기에는 직물산업과 담배 생산업이 융성하였고, 농업도 발전하여 주민들이 세금을 내지 않았다. 이것도 신학교의 위치를 그곳으로 정하는 데

신학교가 필요한 상황이었지만, 비기독교적인 학문세계에 대항하는 기독교 고등교육을 향한 초기의 의도는 사라지고 말았다. 신학교에는 예과인 문학 과정과 본과인 신학 과정이 있었고, 교수들은 양 과정에서 다 가르쳤다. 초기에는 교수 자택에서 강의를 하다가, 1869년이 되어서야 학교는 자체 건물을 소유할 수 있었다.

바빙크의 취임강의

1883년 1월 3일, 29세의 젊은 학자 헤르만 바빙크는 교수 취임강의 「신학의 학문성」[41]에서 신학의 본질을 다루었다. 그는 성경을 신학의 원리요 인식의 원천이라고 천명하였다. 다른 학문은 이성이나 양심, 오성이나 감정 등 인간의 본유관념에서 원리를 도출하지만, 신학의 원리는 우리 바깥에 있는 성경이며, 성령께서 베푸시는 중생(重生)으로 우리 마음속에서 터를 잡는다고 주장하였다.

신학은 유기체(有機體)로서 통일성을 지니는데, 아무리 신학이 복잡하게 분화되어도 신학의 원래적 의미는 교의학에 있으며, 교의학의 핵심은 신론이라는 것이 바빙크의 기본적인

에 작용하였다.
41) *De wetenschap der Heilige Godgeleerdheid*, Kampen: Zalsman, 1883.

생각이었다. 학문으로서의 신학의 기초는 중생된 자의 새로운 삶에 있으며, 이것이 신앙의 열매요 성령의 선물이라는 것이다. 이렇게 신학의 학문성을 논하면서, 그는 신학을 문학 및 종교사로 천명한 '네덜란드 고등교육법'(1876)을 반박하였다. 다른 학문은 인간적인 학문의 원리에서 출발하여 창조를 다루지만, 신학은 창조주 하나님에게서 출발하며, 그리스도와 자연에서 자기를 계시하신 하나님을 대상으로 삼는다. 그는 전 학문이 신학적이고, 신 중심적이라 하였는데, 이런 발언은 카이퍼의 입장을 상기시키지만, 카이퍼와는 달리 선험적 체계는 거부한다. 왜냐하면 바빙크에게 있어 그런 체계는 삶 자체를 죽이며, 진리를 왜곡하기 때문이다.[42] 다만 자료 자체에서 체계와 원리가 나와야 한다는 입장을 가진다. 이것은 사변을 피하고 역사적인 방법을 취하려는 그의 태도와도 상통한다. 그는 종교의 독자성을 강력하게 주장하고, 교회의 위치를 호의적으로 변호하며, 신앙의 의식이 원초적이 아닌 그리스도에게서 도출되는 것으로 본 슐라이어마허를 긍정적으로 평가하였다.

강의 초두에서, 바빙크는 레이던의 라우언호프를 비판하였으면서도 말미에서는 그에게 사의를 표하였다. 그의 이런 자

---

[42] cf. "Het voor en tegen een dog. systeem", in *Kennis en leven*, 63.

세는 이후 교장퇴임특강 「일반 은혜」(1894)에서도, 자신의 교의학 분야의 전임자인 헬레이니우스 더 콕에게 찬사를 보내는 데에서도 드러난다. 헬레이니우스는 1860년부터 교의학을 강의하였는데, 학생들은 그의 강의를 항상 불평하였다. 신학적 반대자에게서도 배울 점이 있다는 신념을 가진 바빙크는, 무미건조하게 강의한 평범한 전임자의 장점을 부각시키고 배우려는 포용적인 자세를 취하였다. 취임강의는 「요한복음」 17장 3절을 인용하면서 마쳤다. 전체적으로는 호의적인 논평을 쓴 카이퍼가 이에 대해서는 비판적인 지적을 하였는데, 바빙크를 임명한 총회의 총회장이었던 히스펀은 이 논평을 지나친 비판이라고 일축하였다. 그러나 카이퍼가 지적한 대로 서론에서 문제가 된 성경관은 아직도 정립되지 않은 상태였다.

신학교 교수진과 바빙크의 초기 사역

당시 캄펀에는 판 펠전, 브럼멀캄프 그리고 헬레이니우스 더 콕 외에 더 콕의 사위로서, 1875년에 취임한 노르트제이가 구약을 가르치고 있었다. 바빙크와 함께 교수 임명을 받았던 빌렁하는 교회사와 교회법을 담당하였다. 빌렁하는 카이퍼가 주도한 칼빈주의의 부흥에 적극적으로 동참하였고, 두 번이나 미국 칼빈신학교의 청빙을 받았으나 수락하지 않았다. 그와 바빙크는 평생지기요 동반자였지만, 1902년 바빙크가 그의 도움을 가장 필요로 했던 때에는 이미 세상을 떠나고 없었다.

신약을 담당한 린더보옴은 바빙크와 평생 공존하기는 어려웠다. 그는 학문이나 말솜씨에서는 바빙크보다 조금 뒤졌으나, 집요한 성격과 목표 지향적인 활동으로 많은 지지 세력을 가지고 있었다. 그는 전도와 유년주일학교를 활성화시켰고, 총회적 차원에서 정신장애자를 위한 병원사역의 필요성을 역설하고 관철시킨 실천의 인물이었다. 당시 캄펀 교수들이 매력이 없고 명성을 얻지 못하던 시절에, 린더보옴은 그 명예를 회복시키고서, 캄펀의 전통을 이어갔다. 총회는 그의 이러한 면을 앞서서 높이 평가하고서 임명하였다. 그런 인물이었기에 바빙크와는 매사에 협력하기 어려웠다. 그와 바빙크와의 관계는 그와 카이퍼와의 관계의 연장선상에 있다고 보아야 한다. 그는 카이퍼가 자유대학교의 설립을 추진할 때에 이를 공개적으로 당당하게 비판한 몇 안 되는 인물 중의 하나이다. 이후 캄펀의 역사는 린더보옴이 홀로 노르트제이, 빌렁하, 바빙크와 대결하는 구도를 띠게 된다.

당시까지 교의학을 강의하던 헬레니우스 더 콕은 바빙크가 들어오자 예배학과 신조학만을 맡아 1893년까지 강의하였다. 1880년 총회의 미공개 보고서에는 교의학강의가 신통치 않으며, 교의학 교수의 연구도 미진하고 학생들을 감동시키지 못한다는 지적이 있었다. 그래서 그는 바빙크에게 교의학을 넘겨줄 수밖에 없었다. 그런데도 분리의 아버지였던 헨드릭 더 콕의 아들인 헬레이니우스는 신조에 기초한 '신앙고백적인' 교육을 하면서, 신학교가 위기에 처할 때마다 해결의 중심에 섰으며, 학생들에게도 좋은 영향을 끼쳤는데, 그들 중에는 보스,

캄펀 교수시절.

보이커, 텐 호르 등이 있다. 이들은 기독개혁교회 안에서 활발하게 활동하면서, 때로는 바빙크와 반대 입장을 취하기도 하였다.[43] 바빙크가 달변과 연구의지와 연구방법의 측면에서

---

[43] C. Veenhof, *Prediking en uitverkiezing*, Kampen: Kok, 1959, 89쪽. 보이커는 1893년에 미국으로 가서 다음 해 보스(G. Vos)의 후임으로 칼빈신학교의 교의학·윤리학 교수가 된 인물이다. 그도 바빙크가(家)처럼 백작령 벤타임 출신이다. 그는 『자유교회』를 1875년에 창간하여 1880년에서 1888년까지의 기간 외에는 미국으로 떠날 때까지 유일한 편집인이었다. 이 잡지로 그는 판 안덜, 히스펀, 린더보옴, 보스, 텐 호르 등과 함께 기독개혁교회에 큰 영향을 끼쳤다. 그는 자유교회, 자유교육과 자유로운 학문연구를 추구했다. 자유대학교의 설립에 관여하면서, 신학부만은 교회의 감독 하에 두기를 원했다. 분리 측에 대해서는 카이퍼를 변호하고, 분리교회가

영향을 끼쳤다고 하면, 학생들은 더 콕의 인격을 더 많이 닮았다고 할 수 있겠다.

헤르만 바빙크는 이 시절에 아주 강도 높게 연구에 임했다. 특히 고전적인 개혁신학, 철학사와 당대의 신학을 집중적으로 공부하였는데, 먼저 자신의 교의학과 윤리학을 발전시키기 위하여 역사적 접근을 시도하였다. 학생들에게 고전적 개혁교의학을 소개하고 가르친 것도 이런 관심에서 나왔다. 글을 그리 많이 발표하지는 않았으나, 1884년 7월 목사연합회에서 발표한 논문 「윤리신학파」는 많은 각광을 받았다. 이 글은 당시 네덜란드 교회에 큰 영향을 미치고 있던 윤리신학파에 대한 전반적인 평가를 담고 있다. 바빙크에 의하면, 윤리신학파는 그리스도와 사탄 사이에 있는 절대적인 반제(antithese)만을 인정할 뿐, 다른 반제들, 곧 신앙과 학문, 헬라문화와 기독교, 아타나시우스와 아리우스, 아우구스티누스와 펠라기우스, 로마 가톨릭과 개신교, 고백주의와 현대주의, 개혁과 혁명의 반제 등은 종합과 중재를 통하여 해소하려 한다고 지적하였다.

있는 곳에는 애통 측이 교회를 세우지 말아야 한다고 주장했다. 교회합동을 찬성하면서도 애통 측이 주장하는 지역교회의 독립성에 대해서는 동조하지 않았다. 나중에 보겠지만, 바빙크는 분리교회의 주도적인 여론 형성자들이었던 이들과는 대체적으로 입장을 달리한다. 1900년에 그가 죽자, 1896년에 미국으로 간 텐 호르가 후임이 되어 1924년까지 봉직하였다.

이것은 하나님과 인간의 관계를 중재하려는 노력에 기인한다. 그래서 창조는 영원하고 필수적이었다고 하며, 죄를 지나치게 강조하여 하나님의 작정을 약화시키고, 원죄과를 부인하며, 게다가 아담으로 인하여 멸망당할 자는 없다는 발언까지 한다. 열방의 종교가 이스라엘의 종교를 예비하였고, 그리스도의 두 의지와 양성론을 거부하며, 죄가 없어도 로고스가 성육해야 하며, 특별 대속은 구원의 보편적 제시를 반영하며, 안셀무스의 속상론(贖償論)은 법적인 채색을 벗어야 한다고 주장한다. 즉 성령의 증거를 신앙의 방편뿐 아니라, 근거로 삼으면서 강조점이 성경에서 양심으로 옮겨가고 있었던 것이다.

이에 대한 바빙크의 비판은 격렬하다. 이 신학이 슐라이어마허의 영향을 받아 종교를 인간 내면의 윤리적 측면으로 보면서, 성경은 무시하고 성경에 계시된 신인관계를 변질시킨 것은 잘못이라고 비판하였다.[44] 그는 신앙과 학문, 교회와 신학의 관계는 윤리신학파가 추구하는 종합의 방식이 아니라, 반제에 입각한 고립으로써 올바르게 화해시킬 수 있다고 보았다.

이 논문에 대하여 카이퍼는, 바빙크가 대중에게 윤리신학

---

[44] 이후에도 그는 경험원리를 반대하면서, 개혁파의 성경원리를 주장하였다. "모든 신학적 교의들을 도출하는 원리는 '주님께서 말씀하셨다'이다."("Het dualisme in de Theologie", 1887, in *Kennis en leven*, 164쪽).

파의 위험을 더 노골적으로 비판하지 않았다고 지적하였다. 이러한 문제에 대해 좀더 분노하며 강하게 경고하던 칼빈의 파수꾼의 모습을 바빙크에게서는 볼 수 없다는 것이었다. 이런 노골적이고 공개적인 비판은 바빙크의 심경을 괴롭혔다. 카이퍼뿐 아니라, 후닝도 교계 언론에 논평을 하였는데, 이로 인해 바빙크가 네덜란드 신학계에서 주목받게 되는 계기가 되었다.

또 다른 교회개혁인 애통운동과 카이퍼

이제 바빙크는 카이퍼의 교회개혁투쟁을 측면으로 지원하고, 교회를 합동하는 일에 적극적으로 나선다. 카이퍼는 지지자들과 함께 1886년에 네덜란드 국가교회로부터 분리하였다. 이들은 국가교회 내의 교리적이고 신학적인 타락을 '애통'하였는데, 이로 인해 새로 조직한 교회를 '애통'이라 부른다. 사실 네덜란드 교회 치리정관이 공포된 1816년 이전에는, 직분자가 신조 자체에 서명해야 하였으나, 그때부터는 느슨하게 신조의 내용에만 동의하고 서약할 수 있도록 바뀌었다. 논쟁은 1816년 정관의 한 표현 중에 "이 교리가 하나님의 말씀과 일치하기 때문인지(quia)" 아니면 "일치하는 한(quatenus)"인지에 집중되었다. 1854년에는 신조에 포함된 교리의 정신과 주요한 몇 가지 점들에만 동의하면 목사로 임직을 받을 수 있었다. 1878년부터는 여하한 교리적 차이가 있다 하더라도, 이 때문에 당회가 교인 자격에 제재를 가하거나 성찬 참여를 막을 수 없게 되었다. 결국 교인 자격과 당회의 자율권의 문제가 '애통'의 배경이 되었던 것이다. 암스테르담교회의 당회 대다수가 이런 규정을 거부하고 회원권을 엄격하게 규제하자, 시찰과 광역노회는 카이퍼를 포함한 당회원들의 당회원권을 일시적으로 중지시켰다. 이에 대한 반발로 '애통'이 일어났다. 이 개혁운동도 1834년의 교회개혁과 마찬가지로, 국가로부터의 자유와 교회의 교리적 변질로부터의 자유를 추구하였다. 그리하여 애통 측은 1887년에 '네덜란드 개혁교회'를 조직하였다.

교회합동을 위한 바빙크의 노력

바빙크는 카이퍼와 함께 두 교회의 합동을 위해 협력하였다. 바빙크는 1884년 분리 측의 50주년을 기념하면서, "국가로부터의 자유라는 원리는 이미 기독개혁교회가 채택하였다"고 역설하였다. '국가로부터의 자유'는 카이퍼의 모토 중에 하나인데, 이런 발언은 바빙크가 그와 아주 가까이에 서서 신앙과 신학적 투쟁을 함께 하고 있었다는 것을 잘 보여준다.

그러나 1834년의 분리에 대해 유보적 입장을 취한 카이퍼에 대해 바빙크는 분리의 정당성을 항상 주장하면서, '분리'가 개혁교회의 진리를 위한 투쟁이었다면, '애통'은 개혁교회의 권리를 향한 투쟁이었다고 보았다. 바빙크의 이러한 복합적인 태도는 이후 교회합동에도 뚜렷하게 작용할 것이다. 반대로 카이퍼는 바빙크가 윤리신학파의 노선에 접근한다는 의심을 표하였다.

기독개혁교회는 애통 측과의 합동안을 1888년 8월 앗선 총회에서 처음으로 다룬다. 총회는 3일간 집중적으로 합동의 근거에 대하여 논의하였다. 이때에 애통 측이 취한 몇 가지 신학적 입장을 철저하게 따지려는 분위기가 지배적이었다. 린더보옴은 애통 측이 국가교회로부터 분리하여야 한다는 것을 합동의 전제 조건으로 제시하였다. 바빙크는 호의적인 입장을 견지하는 세력의 대변인이었는데, 분리 측의 정당성을 강하게 주장하던 그의 입장이 상당히 완화되었다고 볼 수 있다. 중간 세력의 중심은 보이커 목사였다. 가장 큰 문제는 애통 측과 국가교회와의 관계였다. 이 세 그룹은 모두 다 분리 측과 십자가교회가 1869년 연합할 때에 채택한 규정, 즉 3명으로 구성된 총회 상임위원회가 「네덜란드신앙고백서」와 「하이델베르크요리문답」과 「도르드레흐트신경」 및 「도르드레흐트교회법」을 준수한다는 것을 정부에 알린 전례를 따르자는 데에는 동의하였다.[45] 그러나 애통 측은 이 규정을 폐기하고, 정부에게는 교회정치에서만 「도르드레흐트교회법」을 따른다고 통보하자고 주장하였다.[46] 바빙크의 제안은 가장 공교회적인 입장을 지녔다. 1834년의 분리를 하나님의 사역으로 확신하고, 1816년 이후에 형성된 국가교회로부터 분리하는 것은 모든 신자의 소명과 의무라고 보았다. 분리와 애통을 따르지 않은 신자가 국가교회 안에 있다는 것은 '우리의 책임'이며, 개혁의 방식이 다른 것이 합동의 장애가 될 수 없다고 천명하였다. 그러나 그의 안은 표결에서 보이커의 안에 밀렸다. 이 안은 분리가 하나님의 말씀에 대한 순종이요, 그 말씀에 일치하기 때문에 애통 측은 이미 기독개혁교회가 있는 곳에 새 교회

---

45) 십자가교회는 1837~1840년 사이에 분리교회에서 떨어져 나갔는데, 극도로 주관주의적인 경건주의의 색채를 띠었다. 이들은 옛 「도르드레흐트교회법」의 문자적 고수와 국가의 승인을 거부하였고, 십자가를 지고 고난을 기꺼이 감내하겠다는 데에서 이 이름이 유래하였다.

46) C. Veenhof, *Prediking en uitverkiezing*, 265쪽; D. Nauta, *Verklaring van de kerkorde van de Gerformeerde Kerken in Nederland*, Kampen: Kok, 1971, 33쪽. 총회가 지역교회들을 대표하여 정부와 직접 협상할 수 있는 권한이 있느냐의 문제이다. 네덜란드 교회는 1816년에 국가교회가 되면서, 정부(종교부)와 협상하는 총회위원회를 조직하였다. 그리고 바로 이 위원회가 분리교회를 탄압하는 데에 앞장섰다. 분리교회는 국가의 인정을 받기 위하여 국가교회의 총회위원회와 유사한 위원회를 설치했는데, 이것은 「도르드레흐트교회법」과 배치되었고, 나중에 애통 측과 합동하는 데에 걸림돌이 되었다. 애통 측은 지역교회의 자유와 독립을 정치의 기조로 삼았다.

를 세우지 말아야 한다는 내용을 담고 있었다. 한마디로 이 요청은 애통 측에게는 너무나 큰 부담이었다.

또 다른 현안은 합동 후의 신학교육이었다. 캄펀신학교와 자유대학교 신학부를 당분간은 공존하자는 바빙크의 안은 부결되었다. 도리어 교회가 자체 신학교육기관을 보유해야 한다는 원리는 포기될 수 없다는 판 안델의 안이 통과되었다. 3년 뒤인 1891년에, 레이우바르덴 총회도 합동교회는 자체 신학교육기관을 보유할 사명이 있다는 원리를 재의결하는데, 이 결의안은 합동의 성사뿐 아니라, 양 교육기관의 통합이 가장 큰 현안으로 등장했던 합동개혁교회의 초기 역사에서 지대한 역할을 하게 된다. 이 결의를 이끌어 낸 배경에는 린더보옴이 있다. 바빙크는 신학교육의 문제를 합동교회가 결정하도록 남겨두자는 입장을 가졌었다.[47] 바빙크는 자기가 제안한 두 안건들이 다 부결되었음에도 불구하고, 합동을 성사시키기 위하여 적극적으로 협력하였다. 그는 애통 측 총회에 보낼 서한을 작성하는 위원이 되어 문구를 아주 온건하게 다듬었고, 나아가 합동교섭 8인위원회에 선출되었지만, 린더보옴은 포함되지 않았다.

---

[47] R. H. Bremmer, "Lucas Lindeboom", in D. Deddens & M. te Velde, ed., *Vereniging in wederkeer,* Barneveld: De Vuurbaak, 1992, 94-97쪽.

이 즈음 바빙크와 린더보옴의 관계는 상당히 악화되어 가고 있었다. 1887년에 린더보옴은 카이퍼의 교회론에 반대하여 새로 조직된 정당인 '기독역사연맹'(1881년 창당)의 위원장이 되었다. 린더보옴은 캄펀 교수회에서 항상 외톨이었고, 이사회조차도 이를 현안으로 삼고 있었다. 바빙크는 신학교, 정치 및 교회적 사안에 있어 서로의 입장이 다르다는 것은 뼈아픈 사실임을 인정하였으며, "우리가 형제라 하더라도 반드시 친구가 될 필요는 없다"는 유명한 말을 바로 이때에 남겼다. 실제로 이런 상황이 앗선 총회에서 나타났다.

교회합동을 위한 교회론적·교회법적 정지작업

바빙크의 안을 지지했던 카이퍼는 앗선 총회의 결정을 보고, 합동의 염원이 좌절되었다는 강한 어조의 논설을 『헤라우트』지에 실었다.[48] 바빙크는 편지를 통하여 자기 교회의 내

---

48) *Heraut*(傳令), 558호. 1850년에 창간되어 1852년부터 주간으로 발행되었다. 카이퍼는 1869년에 편집진에 가담하였고, 1871년에 편집장이 되었다. 당시 '자유로운 네덜란드의 자유로운 교회와 자유로운 학교를 위한 전령'이라는 구호를 내걸면서, 국가와 국가교회로부터 자유로운 교회와 기독교 교육이라는 목표를 위하여 네덜란드 교인들을 정치적으로 의식화시키는 방편이 되었다. 발행자인 헤라우트협회는 이 구호를 정치적으로 구현하기 위하여 일간지로 변신을 시도하여, 1872년 4월에 일간지 『더 스탄다르트』지가 창간되었다. 토요일자의 종교면이 이전의 『헤라우트』를 계승하였는

적인 상황을 알려주었다. 즉, 보이커 안의 지지자들은 모두 합동을 찬성하며, 오직 판 안델, 히스펀과 린더보옴만이 애통의 정당성을 수용하지 않는다는 내용이었다. 말하자면 카이퍼의 강한 어조는 상황을 알지 못하여 나온 결과일 뿐 아니라, 합동을 어렵게 만들 수 있다는 점에서 그를 지지하는 캄펀 교수들에게는 큰 부담이 될 것이라고 첨언하였다. 이 때문에 카이퍼는 논조를 부드럽게 가다듬었고, 두 신학교육기관의 관계를 돈독하게 하려고 노력하였다. 자유대학교는 1888년 10월의 총장 이·취임식에 캄펀의 교장이었던 바빙크를 초청하였다. 이 행사 뒤에 카이퍼는 17인을 초청하여 자기 집에서 정찬을 베풀었는데, 바빙크도 초청받았다. 이때에도 교회합동이 가장 큰 주제였다. 그러나 바빙크는 맹목적인 카이퍼의 추종자는 아니었다. 11월 22일에 양 교회 합동교섭위원들이 우트레흐트에서 회동하였을 때, 카이퍼는 이미 인쇄된 합동원칙을 배포하였다. 카이퍼는 너무 앞서 가고 있었다. 나중에 기독개혁교회의 총회에서 바빙크는 카이퍼의 이런 처신에 대하여 자신의 불만을 숨기지 않고 그대로 표현하였다. 그래도 이 회동 자체는 결렬되지 않았다. 12월에 다시 모였고, 회동의 결과는 제안의 형식으로 앗선 총회의 연장선인 1889년 1월 캄

데, 1877년에 독립하면서, 카이퍼는 양 언론의 편집장의 책임을 맡았다. 2차세계대전 중에 종이를 공급받지 못하여 폐간되었다.

편 회의에 상정되었다. 바빙크는 총회 석상에서 네덜란드의 칼빈주의의 실상과 그 지도자인 카이퍼의 위치를 중심으로 아주 감동적인 발언을 하였고 카이퍼가 직접 이 총회를 참관하였음에도 불구하고, 이번에도 그의 안은 부결되고 말았다.

카이퍼는 분리 측의 캄펀 총회가 폐회하자마자, 바빙크에게 자유대학교 교수직을 제안하였다. 바빙크를 양 학교의 교수로 사역하게 하려는 것이 그의 의도였다. 바빙크는 아버지와 노르트제이, 그리고 빌링하 등의 조언을 들었는데, 수락할 경우 결국 합동에 불리하게 작용하리라는 결론에 이르렀다. 이것이 불가능해지자, 카이퍼는 바빙크를 자유대학교의 교수로 임명하게 만들었다. 이것은 바빙크가 자유대학교로부터 세 번 째 받은 청빙이었다. 그는 재차 친지들의 조언을 청하였으나, 대다수가 캄펀에 머물러야 한다는 쪽이었다. 그는 신중하게 교회의 유익을 추구하는 지혜로운 처신을 하면서도, 스스로 판단하여 결정을 내리지 못하고 주저하는 성격을 보여주었다. 물론 어려운 상황이었지만, 이를 대처하는 모습에서 바빙크의 성격이 단적으로 드러난다. 이런 상황이 정리되기도 전에, 레이던에서 그를 임명하려는 움직임도 있었다. 어쨌든 그는 네덜란드 신학계에서 인정받는 신학자가 되어 가고 있었다.

바빙크는 『바자인』지에서 애통 측과 자기 교회 내의 강경파 사이를 아우를 수 있는 중재안의 가능성을 모색하였다.49) 텐 호르는 『자유교회』지와 소책자를 통해 교회의 본질을 신자들의 회중으로 보면서, 분리와 애통의 차이를 교회론적으로 강하게 대치시키는 글을 실었다. 특히 그는 카이퍼와 애통 측이 국가교회를 거짓교회로 거부하지 않고, 다만 교회법적 오류만을 지적한 것은 고백적이고 전체적인 개혁은 아니라고 강하게 비난하였다.50) 교회합동을 열망한 바빙크는 1890년 『바자인』지에 기고하면서, 세 종류의 교회를 구별하였다. 즉 '선택받은 사람들의 회중'(「하이델베르크요리문답」 제21주일), '세례받은 자들의 회중'(「네덜란드신앙고백」 제34조) 그리고 '신자들의 회중으로서의 교회'(같은 고백 제27조)가 있는데, 카이퍼는 첫째를, 텐 호르는 셋째를 옹호하기에 문제가 어렵다는 것이었다. 이 세 개념을 모두 조화시키면서 교회를 이해하려고 한다면, 두 사람 사이에 교회론적 이견은 사라질 것이라고 바빙크는 주장하였다. 나아가 두 종류의 개혁, 즉 분리와 애통의 방법을 상호 강요하지 않고, 두 개혁이 지금까지 이룬

---

49) *De Bazuin*(나팔). 판 펠전과 브럼멀캄프 등이 '타락과 혼란 가운데 잠자고 있는 자들을 깨울' 목적으로 1853년 8월에 창간한 주간지이다. 신학교의 개교와 더불어 기관지가 되어 분리교회 내의 신학적 입장을 정리하는 데 기여하였다. 2차세계대전 중에 폐간되었다.

50) F. M. ten Hoor, *Afscheiding en Doleantie in verband met het kerkbegrip*, Leiden: Donner, 1890, 73쪽.

상황을 그대로 인정한다면, 합동이 고백적으로 가능하다는 안목을 제시하기도 하였다. 중재하고 조화시키려는 그의 성품이 잘 드러난 사례이다. 1891년 레이와르던 총회는 합동 초안을 폐기하고, 이러한 고백적 기초 위에서 합동을 추진하기로 결의하였다. 캄펀 교수들은 개별적으로 카이퍼에게 총회의 분위기와 자기들의 의견을 편지를 통하여 전달하였다. 이제 린더보옴만 고립된 입장에 처하게 되었다.

앗선 총회 직후 바빙크는 법무장관에게 1869년의 규정을 정지할 수 있는 방안이 있는지를 질의하였다. 기독개혁교회는 1869년에 총회의 상임위원회의 이름으로 교회법과 규정을 국가에 통보하여 종교의 자유를 얻었다. 그런데 카이퍼의 눈에는 이것이 교단을 주체로 보고, 지역교회를 지교회(枝敎會)로 보는 국가교회의 이념을 수용한 오류로 보였다. 법무장관의 대답은 분명하였다. 즉 규정의 효력정지는 교단의 책임자가 정부에 요청함으로써 가능하다는 것이었다. (만약 합동 이후에도) 1869년의 규정처럼 교단이 아니라, 개별 지역교회의 인가를 원하면, 지역 교회가 개별적으로 설립과 치리에 대한 규정을 국왕에게 보내어 인가를 받을 수 있다는 긍정적인 답변이었다. 어쨌든 합동을 원한다고 하면, 기독개혁교회는 1869년의 규정을 정지시켜야만 하였다. 기독개혁교회의 위원회는 이 입장을 즉각 정부에 통보하였다. 정부도 총회의 상임위원회가 아닌 특별위원회의 통보를 받고, 내부적으로 많은 갈등을 보이다가 결국 1869년 규정의 정지를 1892년 1월에 승인한다. 이리하여 그 해에 합동할 지역교회들은 자기들이 받아들이는 신앙고백과 교회정치를 정부에 통보함으로써 법적인 인정을 받을 수 있게 되었다. 이로써 합동을 위한 법적인 기초도 확립되었다. 동시에 분리 측 교회에 정부가 취한 부당한 횡포도 사라지게 되었다. 이런 일들을 통해 바빙크는 신학자들과 법률가들을 관여시키면서 합동을 향한 길을 닦아 나갔다.

결혼

잠시 당시 바빙크의 개인사를 살펴보자. 1888년에 아버지 얀 목사는 임직 40주년을 기념하였다. 아들 헤르만 바빙크는 신학교 교장의 신분으로 그날 저녁 예배를 인도하였는데, 교의학에서 자주 인용한 「요한복음」 17장 3절을 본문으로 삼았다. 아버지에게는 큰 기쁨이었다. 하지만 헤르만 바빙크는 여전히 노총각이었다. 바로 그 해에 헤르만 바빙크는 프라르딩언에 사는 선주의 딸이었던 스키퍼르스를 소개받았다. 그리고 헤르만 바빙크는 1890년 7월 4일에 장래의 장모가 될 스키퍼르스의 어머니에게 그들의 딸 요한나와 결혼할 것을 허락하여 달라는 편지를 썼다. 그 해 겨울은 아주 추웠다. 헤르만 바빙크는 12월 4일, 델프트에서 있었던 국왕(빌럼 3세)의 장례식에 약혼녀 그리고 그녀의 부모와 함께 참석하였다. 이들은 1891년 7월 2일에 결혼식을 치렀고, 파리로 신혼여행을 떠났다가 제네바에서도 며칠을 보냈다. 신혼부부는 캄펀의 강가에 있는 집에서 신혼생활을 시작하였다. 헤르만 바빙크는

헤르만 바빙크의 부인 스키퍼르스.

부인에게서 학문적인 역할보다는 가정적인 따뜻한 사랑을 기대하였으며, 부인은 이런 기대에 벗어나지 않고 행복한 가정을 꾸려 나갔다. 1894년 11월 25일에 무남독녀 요한나 허지나가 태어났다.

캄펀신학교와 자유대학교 신학부

분리 측과 애통 측은 1892년 6월 17일에 암스테르담에서 합동을 결의하였고, 교회의 이름을 '네덜란드 개혁교회'라 칭하였다.[51] 합동의 유일한 근거는 하나님의 말씀이었다. 합동한 교회들은 성경에 기록되었고, 네덜란드 교회가 전통적으로

수용한 3대 신조에서 고백한 하나님의 말씀을 기초로 하여 연합하였다. 당시 네덜란드 인구는 약 450만 명이었는데, 로마 가톨릭 교인이 180만 명, 국가교회 교인은 약 200만 명이었고, 합동교회의 교인 수는 약 40만이었다.[52] 카이퍼는 이

---

51) De Gereformeerde Kerken in Nederland. 이 합동교회는 지역교회를 완전한 교회로 인정하고, 당회를 모든 정치의 기초로 삼는다. 완전한 지역교회들이 자매교회로서 연합하는데, 이 때의 기초는 전통적인 네덜란드의 3대 신조이다. 그렇기 때문에 교회 이름 '네덜란드 개혁교회'는 '교회들'이라는 복수형태를 취한다. 교회의 권리와 치리권은 당회에만 있으며, 광의의 회는 이 권한의 일부를 위임받아 협의한다. 즉, 지역교회들이 서로 동맹(confederatie)을 맺어 협의하고 결의하기 때문에 위계질서에 근거한 상명하달의 지배구조가 아니며, 그 협의와 결의를 지역교회들이 존중하기 때문에 독립교회제도도 아니다. 이들에게는 상회와 하회라는 개념이 없고, 협의와 광의의 회만이 있을 뿐이다(D. Deddens, "De Gereformeerde Kerken na de Vereniging van 1892", in W. van 't Spijker, ed., *Inleiding tot de studie van het kerkrecht,* Kampnen: Kok, n.d., 144쪽 참조).

52) Bavinck, Het calvinisme in Nederland en zijne toekomst, 1896, 145쪽. 카이퍼와 그의 제자들이 가졌던 세례와 중생에 대한 주장에 동의하지 않았던 목사와 교인들이 총회가 지역교회의 의견을 묻지 않았다는 교회법적인 이유를 들어, 합동을 거부하고 옛 이름을 그대로 사용하였다. 그리고 분리와 애통의 원리는 다르기 때문에 모든 애통 측 인사들을 개혁파로 받아들이기 힘들고, 상호 사랑이 결여되어 있다는 입장도 들어있다. 이 교회는 지금 아펄도오른에 직영 신학교를 두고 있다(W. van 't Spijker, "Het voortbestaan van de Christelijke Gereformeerde Kerk", in L. J. Wolthuis & J. Vree, ed., *De Vereniging van 1892 en haar geschiedenis,* Kampen: Kok, 1992, 81-112쪽; T. Brienen, *De Christelijke Gereformeerde Kerken in Nederland,* Kampen: Kok, 2002, 58쪽 참조).

합동에 힘입어 나중에 수상(1901~1905)이 되었는데, 국가교회 내의 동조자를 20만 명 정도로 본다 하더라도 약 60만 명의 교인들이 정치를 비롯하여 사회전반에 미친 영향은 지대하였다.

교회는 합동을 하였지만, 양 신학교육기관의 위치는 여전히 숙제로 남아있었다. 다만 암스테르담 합동총회는 위원회를 임명하여 해결방안을 다음 합동총회에 보고하도록 하였다. 헤르만 바빙크도 위원으로서, 초안작성의 책임을 맡았다. 신학교육기관의 통합을 실현하려는 바빙크의 첫 번째 시도였다. 1893년 1월 23일에 그는 초안을 동료 위원인 카이퍼에게 보냈다. 이전의 분리 측과 애통 측 안에는 각 신학교육기관을 중히 여기면서, 원칙의 문제로 접근하는 이들이 있었다. 특히 캄펀신학교 이사회는 통합논의를 강하게 반발하고 있었다. 바빙크는 초안에서 교육기관의 통합을 전면에 내세웠다. 현 상태의 유지, 즉 두 학교의 공존은 제한적인 연구 인력과 재정의 낭비를 초래할 뿐 아니라, 각 학교의 이전의 전통을 계속적으로 고착하게 만들어, 종국에는 두 교회의 합동을 방해하게 될 것이라고 경고하였다.[53] 나아가서, 그는 신학의 성격을

---

53) 캄펀신학교가 교회로부터 재정적이고 정신적인 지원을 받는 한, 교회에 종속적이며 교회를 위한 실천적인 의미만을 지닐 뿐, 순수 학문기관이 될 수 없을 것이라고 스눅 후르흐룬녜에게 썼다(1880년 1월 6일에 쓴 편지). 그는 란트 교수가 네덜란드 철학에 대해

제시하였다. 하나님은 성경을 일차적으로 교회에 주셨기에 신학의 교수권은 일차적으로 교회에 있다. 그렇지만 신학은 인간의 지식과도 전반적으로 연계되어 있다. 모든 학문은 성경을 필요로 하며, 이 때문에 신학의 조망이 요청된다. 개혁파 원리에 따르면 신학은 신학교에 감금시킬 것이 아니라, 모든 학문과 유기적인 관계를 유지하기 위하여 대학에서 교육하여야 한다. 그리고 자유대학교가 유럽문화를 기독교화해야 하는 사명을 지고 있음을 지적하였다. 이것은 그가 카이퍼의 학문이론을 전적으로 지지하고 있음을 뜻한다. 바빙크는 두 기관을 융해하여 각 기관이 지녔던 장점을 최대화하기를 원하였다. 이 초안의 의도는 좋아 보이지만, 그가 제시한 실행방안은 만족스럽지 못하였다. 즉 한 교육기관이 다른 기관을 접수하거나 흡수해서는 안 되기 때문에, 그는 새로 설립될 기관의 교수 임용을 자유대학교를 운영하던 개혁파 고등교육협회와 교회에서 담당하자고 제안하였다. 양 기구의 갈등상황에서는 교수들이 한 기구의 지지만 받아도 된다고 첨언하였다. 하지만 이 방안은 결코 만족스러운 해결책이 될 수 없다는 것을 누구나 알고 있었다.

앞으로 계속 보겠지만, 통합을 향한 노력을 통해 바빙크의

쓴 논문을 읽고 싶었으나, "이 시원찮은(ongelukkig) 소도시에서는 찾을 수 없다"라며 불평하였다(1887월 1월 1일에 쓴 편지).

학문론과 교회론이 잘 나타난다. 그는 학문을 유기적으로 보면서, 신학도 학문의 전당인 대학교에 속한다고 보았다. 이 때문에 그는 레이던으로 가서 공부하였고, 카이퍼나 자유대학교에 동조한 것이다. 이에 비해 교회는 목사양성과 신학교육의 권리와 책임을 갖는다. 바빙크는 어떻게 하든지 자유대학교의 신학부가 교회와 공식적인 관계 속에서 감독을 받아야 한다고 보았다. 이것은 분리 측의 입장이었다. 그는 앞으로 양 입장을 존중하면서 중재하려고 10년 이상 애를 쓰겠지만, 양 편으로부터 모두 오해와 버림을 받게 된다. 중재의 노력과 실패 과정에는 바빙크의 성격과 일처리 방식이 잘 나타나며, 냉혹한 교회정치의 현실도 적나라하게 나타날 것이다.

통합을 향한 총회의 첫 결정

합동 후 첫 총회가 1893년에 도르드레흐트에서 회집하였다. 총대들의 구성을 보면 다수가 분리 측 교회의 배경을 가졌는데, 이것은 바빙크의 초안에 불리한 구성이었다. 옛 분리 측 인사들은 지나칠 정도로 바빙크를 카이퍼의 추종자로 의심하고 있었다. 1902년까지 계속될 갈등의 구조가 이미 이 총회에서 형성되고 말았던 것이다. 정치적 감각을 가진 카이퍼는 바빙크가 제출한 초안이 당할 운명을 간파하고 있었다. 위원들도 이런 상황을 파악하고는 토론의 마지막 날인 9월 4일에 자기들의 초안에 대해 총회가 어떤 결론도 취하지 말 것을 요청하였다. 이에 총회는 어떤 결정도 내리지 않고 계속 토론을 진행하였고, 9월 15일에는 바빙크와 카이퍼가 서명한 새로운 안이 통과되었는데, 제안 설명자는 옛 분리 측 인사인 릿토이였으며, 그 안은 초안을 폐기하고 위원회를 다시 임명하여 합동개혁교회와 자유대학교의 관계를 규정할 근거를 제시하도록 하자는 것이었다. 이를 통해 린더보옴, 보스, 판 안델 등 옛 분리 측 인사들이 대거 위원으로 선임되었지만, 바빙크와 카이퍼는 선임되지 못했다. 바빙크의 초안이나 그의 처신은 비록 일부겠지만, 옛 기독개혁교회(분리 측)의 저항을 과소평가한 결과였고, 그는 수세에 몰리고 있었다. 이 저변에는 19세기의 신앙과 학문(신학)의 관계에 대한 질문이 깊이 자리 잡고 있었다.

바빙크가 학교 통합을 통하여 자유대학교로 옮길 수 있는 가능성은 이제 완전히 사라지고 말았다. 그는 이미 총회에서 카이퍼와 헤이싱크에게 자신이 캄펀에 머물러야 하는 이유가 없어졌다고 말하였다. 바빙크가 카이퍼에게 10월 3일자로 보낸 서신에 의하면, 카이퍼는 바빙크에게 자유대학교의 구약 교수직을 제안하였음을 알 수 있다. 그 서신에서 바빙크는 자신이 교의학을 10여 년간 가르치고 있었으므로 새로운 과목을 담당하는 교수직에 어려움을 느끼고, 게다가 다른 학교에서 가르치기 전에 『교의학개요』를 저술하고 싶다는 것과, 그럼에도 청빙을 수락할 의사가 있음을 밝혔다. 새로운 환경에 적응하고 새 학년도를 맞으려면, 다음 해 5월에 이사하여야 하고, 그러기 위해서는 1월에야 청빙사실을 공개하는 것이 좋겠다는 첨언도 하였다. 그런데 1894년 1월 2일에 헬레이니우스 더 콕이 별세함으로써 청빙은 공개되지 못했다. 카이퍼는 보스가 프린스톤신학교의 교수가 되려고 개혁교회를 떠나 장로교인이 된 것은 지나치지만, 칼빈신학교를 떠난 것은 칭찬받을 만한 일이라고 하며 바빙크를 다시 압박하였다. 캄펀이 괜찮은 학교이기는 하지만, 바빙크가 그곳에 더 머무는 것은 그의 학문적인 재능을 썩힐 뿐이라고 지적하였다. 카이퍼는 이 사실을 이사회뿐 아니라, 총회의 신학부에도 알리겠다고 하였다. 이 말에 놀란 바빙크는 급히 편지를 보내 청빙건을 공개하지 말 것을 요청하였다. 3월 1일에 더 콕의 후임을 임명하기 위하여 교수와 이사, 그리고 신학부원으로 이루어진 임명위원회가 소집되기 전에 이 사실이 알려지면, 자신이 청빙사실을 숨기고 공개하지 않았다는 비난을 받게 될 것이라는 취지였다. 그렇기 때문에 자신의 임명사실은 이 위원회의 다음 모임이 있을 7월 이전인 6월 쯤 공개하자고 제안했다. 카이퍼는 이를 받아들였다. 그런데도 바빙크는 다시 루트허르스 교수에게 연락하여 임명을 1년간 연기할 것을 요청하였다. 왜 그는 이처럼 주저하였는가? 물론 자신의 『교의학개요』를 위해서 시간이 필요하기는 했지만, 애통의 본거지였던 암스테르담에서 분리 측과 애통교회의 융해가 지연되고 있었다. 이 사이에 바빙크는 개요가 아니라 『개혁교의학』 첫 권을 탈고한다(1895). 그러면서 자유대학교 이사장에게 청빙건은 없던 일로 하자는 편지를 썼다. 이로써 그의 생애의 아주 중요한 순간에 일어난 청빙건은 사그라졌다. 그가 청빙을 수락했다면, 4권의 『개혁교의학』은 출판되지 않았을지도 모른다.

4. 바빙크와 카이퍼의 협력

바빙크는 교회의 합동 이후 가장 큰 현안문제였던 신학교육기관의 통합을 위하여 10년 넘게 다양한 노력을 경주한다. 그는 개혁파 원리의 관점에서 옛 분리 측 인사들을 설득하여, 교회가 관장하는 통합된 신학부를 만들려 하였다. 이때에 그는 린더보옴과 계속 그리고 아주 심하게 충돌하게 된다. 또 카이퍼의 정적이었던 로오만 사건에 직접 개입한다. 린더보옴과의 관계는 바빙크 자신의 문제였으나, 로오만 사건은 카이퍼의 대리인격으로서 처리하였다. 그렇지만, 바빙크 스스로도 개혁파 원리를 일관성 있게 고수하지는 못했다. 카이퍼와의 협력과 갈등의 관계가 계속 문제의 핵심에 있었기 때문이었다. 이 과정에서 신학자 바빙크는 교회정치의 험한 실상을 경험하게 된다.

바빙크와 린더보옴

1894년 초에, 캄펀신학교의 이사회는 상반된 의견을 가진 바빙크와 린더보옴에게 해결책을 제출할 것을 요청했다. 바빙크는 예과 과정을 라틴어 문법학교로 독립시키고, 신학졸업시험을 이사회가 아니라 교수들이 주관하는 것이 개혁파 원리에 상응한다고 주장했다.[54] 교회를 대신하는 이사회의 불필요한 역할을 줄이고, 신학교가 신학부의 성격을 지니게 하려는 의도였다. 그러나 린더보옴은 현상유지, 곧 예과를 신학교의 일부(一部)로 유지하기를 원했다. 1894년 7월 9일 이사회의에서 두 입장은 첨예하게 대립하였다. 이 배경에는 1893년에 출판된 카이퍼의 『신학총론』에 나오는 신학적인 문제들도 깔려

---

[54] 신학교의 예과 과정은 전통적인 라틴어 문법학교의 과정과 유사하지만, 서양 현대어와 고전어를 집중적으로 가르쳤다. 신학 지원자가 많지 않았고, 있다고 하더라도 서양 고전어와 현대어들을 학습하지 못한 자들이 대부분이었기 때문에 신학교는 예과를 운영하여 지원자를 자체적으로 양성하였다. 그러다 보니 이 과정은 신학교육 자체가 아니라, 글자 글대로 예과였다. 예과 독립 논의에는 이런 것도 작용한다. 별도의 문법학교를 세워야 한다는 의견은 이미 이전부터 있었다(헬레이니우스 더 콕). 분리 측 인사들은 교회가 신학교육 자체에만 관심을 기울여야 한다는 입장에서 예과의 불가피성을 수용했지만, 교회와는 직접적인 관계를 갖고 있지 않는 자유대학교와 그 신학부에 대해서는 거리를 두었다. 바빙크가 교회를 신학교수 임면에 가담하게 만들려는 이유는 확실하게 분리교회의 전통에서 나왔으며, 자유대학교 설립자들은 이를 수용하려 들지 않았다.

있었다. 린더보옴은 카이퍼가 주장하는 신앙과 학문의 관계를 비판하였다. 카이퍼가 신학을 인간적 지식의 일부로 만들었고, 이를 기초로 한 자유대학교는 신학을 세속화시키고 말 것이라고 경고했다. 그러면 신학은 신앙의 뿌리에서 찍혀나가게 되고, 교회는 그런 세속적인 학문의 굴레를 메게 될 것이라는 우려였다. 이런 논거로 린더보옴은 두 학교의 융해를 거부하였다. 이에 비하여 바빙크는 같은 해에 카이퍼의 '영원칭의론'을 공개적으로 비판하였지만, 카이퍼를 매도하지 않고 호의적인 태도를 취하였다.

린더보옴은 1895년 9월 예과와 신학본과를 분리하려는 바빙크의 안에 반대하는 의견을 이사회의에 제출하였다. 그리고 1896년 2월 28일자 『바자인』에다 이를 기고했다. 다음 호에는 그를 제외한 교수 전원이 린더보옴의 안에 반대하는 의견을 실었고, 이어 그 다음 호에 린더보옴은 다시 반박문을 실었다. 합동 이전과 같은 상황이 재현되면서 린더보옴의 발언은 격해지기 시작하였다.

1896년 4월 바빙크가 초고를 작성하고, 동료인 비스터르펠트, 노르트제이, 빌렁하가 공동 저자라고 밝힌 소책자 『교육과 신학』이 나왔다. 이 책은 비록 합동개혁교회 안에는 주로 카이퍼가 야기한 교리적인 이견이 더러 있으나, 원리적인 차이는 아니라고 천명하면서, 카이퍼를 변호하였다. 개혁파 원리인 영역주권을 따라, 학문은 교회가 아니라 대학에 속하며, 신학도 학문이기에, 교회가 학문적 신학연구의 주체가 아니라고 본 것이다. 그러므로 신학졸업시험을 이사회가 주관할 수는 없다고 보았으며, 신학부 중심의 신학교육기관을 통합해야 한다는 주장을 편다. 그러나 이 책은 세례에 대한 카이퍼와 애통 측을 비판한다. 세례가 중생을 인치며, 따라서 택한 이방인들은 복음을 듣기 전에 이미 중생한 것으로 전제해야 한다고 주장하는 '중생전제설'은 개혁신학에서 벗어난다고 보았다. 다만, 모든 세례 받은 자들은 교리와 삶에 있어 (중생의) 반대 모습을 보이기 전에는 중생한 것으로 간주할 수는 있다고 말했다. 이러한 주장은 총회가 이후 1905년에 취할 결정과 일치한다.

린더보옴은 홀로 외롭게 이 소책자에 대한 반박문을 썼다. 그는 카이퍼와 바빙크가 합동개혁교회를 장악하고 있으며, 이 둘을 따르지 않으면 약자요, 따돌림을 당하는 상황으로 인해 통분한다고 말했다. 이런 강한 어조를 누그러뜨리기 위해서 자신은 공동 저자인 이 4명의 동료와 함께 최근에 성찬에 참여했다고 썼다. 그 사이에 바빙크는 카이퍼에게 그 책을 보내 이제는 공동 전선을 공개적으로 펼치자고 역설하면서, 1893년 도르드레흐트 총회가 임명한 위원회의 보고서는 모든 학문의 연구를 잠재우려 한다며 혹평하였다.

1896년 8월과 9월에 합동개혁교회의 미덜부르흐 총회가 열렸다. 이 총회는 바빙크가 1894년에 이사회에 제출한 안을 그대로 채택하였다. 즉 졸업시험은 교수회가 주관하며 예과와 신학본과를 분리함으로써 사실상 신학교가 신학부가 되게 한다는 결정이었다. 나아가 그는 신학자문위원회와 접촉하여, 3년 전 도르드레흐트 총회의 결정에 의하여 린더보옴이 작성한 위원회보고서가 채택되지 않고, 카이퍼의 신학을 비판하는 안건도 상정되지 않게 하였다.[55] 총회는 양 기관의 교수들을 재신임하였고, 심지어 보스조차도 총회의 결정을 전적으로 수용하였다. 보스는 다만 교회법적으로 모든 사안은 위원회의 사전작업이 아니라, 전체 회의에서 다루어야 한다고 지적하였다. 어쨌든 바빙크는 자신의 초안부결사태와 자유대학교 청빙 좌절사건 이후 이번 총회를 통하여 완전히 회복하는 상승세

---

[55] 「도르드레흐트교회법」에서 명시하고 있지는 않지만, 개혁교회의 신학 교수들은 표결권을 가진 총대는 아님에도, 총회 의제들을 공식적으로 자문하는 위원이 된다. 이들은 사안에 따라, 신학적 입장을 표명하는 자문보고서를 제출함으로써 안건의 향방에 지대한 영향을 미친다. 그 일환으로 직전 총회가 선임한 특별위원회들의 보고서를 검토한 후 미리(先) 다음 총회에 자문보고서를 제출한다. 바로 이러한 일을 하는 위원회가 '선(先)자문위원회(praeadviserende commissie)'이다. 1896년 총회의 신학자문위원회의 보고자는 루터스였다. 바빙크가 직전 총회(1893)에서 선임된 위원회의 보고서가 채택되지 않게 하였다는 것은 그가 애통 측과 자유대학교의 입장을 지지하였다는 말이다.

를 타고 있었다.

바빙크와 로오만 사건

카이퍼는 자신과 갈등관계에 있던 로오만의 진퇴를 결정하는 일을 바빙크에게 맡겼다. 로오만은 애통운동의 동역자였고, 자유대학교의 설립자 중 한 사람이요 이사로서, 1884년에 자유대학교 법학부 교수가 되었다. 카이퍼와 로오만은 적어도 두 사안에서 상반되는 의견을 가지고 있었다.

첫째는, 1887년 헌법개정으로 대두된 선거권에 관한 문제에서 비롯되었다. 1894년 자유당 정권은 선거권의 확장, 즉 가장(家長)에게 선거권을 주어, 점차 민주적인 방향으로 선거권을 확대하자는 안을 골자로 하는 선거법 개정안을 의회에 제출했으며, 카이퍼는 이에 찬성하였다. 그에 비해 로오만은 교육을 제대로 받지 못한 자에게 선거권을 주면 국가가 위기에 처한다는 입장이었다. 말하자면 반혁명당 내에 있는 귀족정치와 민주정치간의 노선투쟁이었고, 로오만이 전자를, 후자는 카이퍼가 대표하였던 것이다. 하지만 로오만의 입장은 흐룬의 입장을 계승하고 있었으며, 이로 인해 국가교회 내에 남아있던 흐룬의 추종자들이 카이퍼를 떠나는 계기가 되었다.

둘째는, 칼빈주의 및 개혁파 원리에 대한 이해의 차이였다.

카이퍼는 칼빈주의를 개혁파 원리로부터 연역하여 구성하는 체계로 보았으나, 로오만은 이런 태도에 동의하지 않았으며, 성경에서 어떤 학문적 원리를 연역하는 것 자체를 불신하였다.[56] 1895년 3월에 자유대학교 교수회는 이런 차이를 해결하기 위해 위원회를 구성하였고, 카이퍼를 보고자로 선정하였다. 이 위원회는 개혁파와 칼빈주의는 같은 의미요, 칼빈주의의 원리는 칼빈뿐만 아니라, 후대의 칼빈주의자들에게서도 찾을 수 있다는 보고서를 제출하였고, 교수회는 이를 채택하였다. 결국 로오만은 일격을 당하였고, 10년 이상 유지했던 협력의 관계는 서서히 막을 내리고 있었다.

로오만이 공개적으로 비난을 받는 일이 또 일어났다. 1895년 6월에 열린 개혁파 고등교육협회의 연례대회에서는 협회의 정관 제2조에 나오는 '개혁파 원리'에 대해 논의하였다.[57] 그런데 로오만의 입장에 대해 조사위원회를 구성하자는 안이 난데없이 상정되었던 것이다. 교수 자격으로 대회에 참석한 로오만은 가히 날벼락을 맞을 만한 일이었음에도 불구하고,

---

56) 강영안, "암스테르담 자유대학의 신학과 세계관", 『통합연구』, 통권16호, 1992, 53-73쪽.
57) "협회는 협회가 세운 학교에서 시행되는 모든 교육이 전적으로 그리고 오직, 개혁파 원리의 기초 위에서 이루어져야 함을 천명한다. 이와 함께 네덜란드 개혁교회가 1619년 도르드레흐트 회의에서 결정한 대로 3대 통합 신조를 신학교육의 기초로 인정한다."

그 현실을 담담하게 받아들였다. 대회는 9인 조사위원회를 구성하고, 바빙크를 위원장으로 선출하였다. 사실 이 일은 카이퍼와 루트허르스가 꾸민 음모였으며, 카이퍼는 위원장까지 미리 정해놓고 자기에게 유리한 보고서의 작성을 유도하였다.[58]

조사위원회가 구성되자, 로오만은 자신이 정관 제2조에 따라 법학부에서의 강의는 원치 않는다는 입장을 이전보다 더 분명하게 밝혔다. 어차피 그 정관과 로오만의 입장은 공존할 수 없었다. 로오만은 자기의 법학강의를 원리의 추구나 규명 등에 쏟기를 원하지 않았고, 이를 강요한다면 차라리 법학부의 설립 자체가 무의미하다고 보았다. 그에게 개혁과 원리란 하나님의 말씀이요, 칼빈주의란 역사적 의미일 뿐 거기에 교의적인 의미를 부여하지 않았다. 성경에서 교육의 잣대를 찾을 뿐, 이외에 어떤 파생적인 잣대를 받아들이지 않았던 것이다. 그는 카이퍼와 그의 추종자들이 인간의 죄로 변질된 창조를 하나님의 말씀에 따라 개혁하지 않고, 도리어 성경에서 도

---

[58] 자유대학교는 사립이기 때문에 교육이념과 재정모금은 개혁과 고등교육협회가 담당한다. 협회는 전국적인 조직으로서 교육이념에 찬성하는 이들이 자발적으로 동참하고, 기부하였다. 협회와 대학교의 최고 지도부는 행정처(directorium)로 주로 대학교의 재산과 재정문제를 담당하였다. 행정처는 초기에는 5명이었다가 나중에는 7명으로 늘어났다. 이사회(curatorioum)는 학문적인 사안을 결정하고 감독하며, 항상 5명으로 구성되었다. 행정처와 이사회가 공동으로 교수를 임명하였다.

출한 체계를 가지고 세상을 개혁하려 든다며 비난하였다.

카이퍼가 주장하는 개혁파 원리의 승리

조사위원회의 각 학문분과는 하나님의 말씀에 따라 개혁파 원리가 무엇인지를 파악할 뿐 아니라, 역사적으로도 칼빈주의와 칼빈주의자들이 그 말씀으로부터 도출하고 적용한 것들을 고려하지 않으면 안 된다는 취지의 보고서를 제출하였다. 그리고 로오만이 원리와 성경말씀을 너무 쉽게 일치시켰으며, 그의 교육이나 교육방법론에는 제2조의 규정의 요구가 관철되지 않는다는 판단을 하였다. 사실 자유대학교의 설립자들과 친밀한 관계를 가졌던 로오만이 정관을 이런 식으로 단순하게 해석한 것은 다분히 의도적이었다. 설립자들은 칼빈주의의 역사로부터 학문을 위한 규범을 찾으려 했다. "개혁파란 고백적 개념이요, 따라서 교회적 성격을 지닌 개념"이라는 카이퍼의 입장을 로오만은 지지하고 있었다. 게다가 협회의 정관도 개혁파 신조들을 언급하고 있었고, 이것은 신학부를 포함한 모든 학부에 해당되는 선언으로 이해하는 분위기였다. 로오만이 이를 인정하고 동의하였다면 논쟁은 훨씬 더 유연하게 진행되었을 것이다.

개혁파 고등교육협회는 1896년 연례회의에서 조사위원회의 보고서를 채택하였고, 로오만은 즉시 사직하였다. 그렇지만 이 보고서는 의장인 바빙크의 생애에 적지 않은 오점을 남겼다. 비록 바빙크가 객관적인 조사와 보고서를 시도하였다고 하더라도, 그가 카이퍼의 영향권 하에 있었던 것은 정당하지 못했으며, 그의 인품을 보아서도 그 처신은 이해할 수 없다.

바빙크는 린더보옴이나 로오만과는 다른 방식으로 개혁파 원리를 이해하였다. 린더보옴에 대항해서는 신학연구의 자유와 신학부를 근간으로 하는 신학교육기관의 통합을 주장하였고, 로오만에 대항해서는 성경과 칼빈주의를 따라 법학에서도 이 원리를 파악하여 연구하고 교육해야 한다고 주장하였다. 아래에서 보겠지만, 이런 바빙크가 1901년에는 개혁파 원리를 성경과 개혁신조에만 국한시켜야 한다고 주장한다. 이 배경에는 카이퍼와의 갈등이 작용하고 있었다. 이 같은 입장의 변화는 신학연구와 발언 또한 상황의 영향을 받을 수밖에 없다는 것을 보여주는 좋은 실례이기도 하다.

카이퍼를 지나치게 신뢰한 바빙크의 실수

로오만 사건을 거치면서, 바빙크는 카이퍼의 신뢰를 전적으로 받았다. 1897년에 반혁명당 중앙위원회에서는 바빙크를 부위원장으로 추천하였다. 카이퍼가 1898년 프린스톤신학교에서 '스톤특강(Stone Lecture)'을 하기 위하여 미국에 출국하였을 때에, 바빙크는 즈볼러에서 열린 자유대학교의 날을 인도하기도 하였다.

이처럼 서로 신뢰하고 칭찬하던 카이퍼와 바빙크 사이에 갈등의 관계가 형성되고 말았다. 물론 카이퍼와 로오만 간의 결렬된 관계와는 비교할 수 없겠지만, 두 사람 사이에도 치유되지 못할 괴리가 1899년 1월에 일어났다. 신학교 이사회는 1898년 여름에 신학교로부터 분리되는 라틴어 문법학교의 조직을 위하여 위원회를 구성하고, 바빙크와 보스 등을 위원으로 임명하였다. 새로운 기회를 잡은 바빙크는 위원회에서 신학교와 자유대학교의 통합을 제안했고, 보스조차도 이에 동의하였다. 소수 위원들은, 개혁파 고등교육협회가 이 안을 수용하지 않을 것이라는 우려를 표하면서 미국에 출타 중이었던 카이퍼의 의견을 청취하자고 하였으나, 바빙크는 이 의견을 무시하고, 조급하게도 1899년 1월 초의 이사회의에 자신의 제안을 제출하였다. 다수는 동의하는 분위기였으나, 그의 제안에는 위임사항을 초과하는 월권적인 내용이 들어있다는 지적이 나오자, 바빙크는 자유대학교 교수들과 더 의논하겠다고 약속하였고, 카이퍼와 루트허르스를 설득하는 사명을 부여받았다.

이사회 다음날 바빙크가 루트허르스를 설득하려 보낸 편지를 보면, 통합에 대한 구체적인 제안사항이 명확히 제시되어 있다. 우선 분리 측의 양해가 필요한 내용이 먼저 나온다. 즉, 캄펀은 문법학교를 독립시켜 별도의 협회에 넘기며, 독립될 신학본과를 적당한 지역으로 옮겨 새 학교로 개교한다. 그리고 자유대학교 신학부 교수들을 새 학교의 교수로 임명한다. 양 학교의 신학 교수는 하나의 교수회를 구성하게 된다. 총회는 교육을 감독하는 5인의 이사들과 5인의 재정위원을 임명하고, 다음 세 가지를 자유대학교 행정처에 요청한다. 즉 자유대학교 신학부 교수들을 교회에 임대해 줄 것과, 새로 설립될 신학부를 교회가 설립한 교회의 학교로 인정하는 것, 그리고 자유대학교 신학부로서 다른 학부들과 동등한 지위를 부여할 것을 요청한다. 결과적으로 이 학교가 대외적으로는 개혁파 원리에 기초한 자유대학교의 학부가 될 것이며, 대내적으로는 5인의 이사들과 자유대학교의 행정처와 신학 교수들은 다함께 집단운영체제를 형성한다. 신학 교수의 임면은 총회를 대신하여 이사회가, 다른 학부들의 운영은 정관에 따라 협회를 대신한 행정처가 하며, 이사회와 행정처는 상호협의는 하되 구속력을 행사할 수는 없다고 제안하였다. 그는 후보지로 하알렘을 제시하였다. 그렇게 할 경우에, 자유대학교는 신학부에 별도의 재정을 지출할 필요가 없으며, 다른 학부의 확장과 특히 의학부의 신설을 추진할 수 있을 것이다. 그러면

합동개혁교회 밖에 있는 신자들도 내적으로는 독립된 비신학부를 지원할 수 있게 될 것이요, 나아가 협회의 정관 제2조에 동의만 한다면 비신학부에 개혁파 신자가 아닌 학자도 교수로 임명할 수 있는 이점도 있다. 물론 양 편이 각각 양보할 것도 있다. 즉, 옛 분리 측으로서는 예과를 독립시켜 자유대학교 문학부에 이관해야 하며, 옛 애통 측으로서는 그렇게 하여 새로 설립된 신학교가 한 편으로는 독자적이면서도, 다른 편으로는 자유대학교의 신학부로 인정해야 한다는 것 등이었다.

카이퍼와 루트허르스는 이제 선택의 기로에 서게 되었다. 자유대학교의 이념을 담당했던 것이 신학부가 아닌가. 과연 그 신학부를 포기하고 통합학교를 신설하는 도구로 내어주어야만 하는가. 게다가 린더보옴, 보스 등 옛 분리 측 인사들이 바빙크의 안에 동의한다는 것이 그들에게는 유쾌한 일이 결코 될 수 없었다. 루트허르스는 협회 및 교수들과 의논하겠다는 답신을 보냈다. 그러나 바빙크는 일을 바로 추진하기를 원했다. 자유대학교가 아니라, 옛 분리 측 인사들을 설득의 대상으로 보았던 그로서는 이 기회를 놓치고 싶지 않았다. 귀국한 카이퍼에게도 같은 내용의 편지를 보냈다. 그러나 이것은 오판이었다. 이들은 바빙크의 제안을 이해하려 들지 않았고, 도리어 등을 돌리기 시작하였다. 카이퍼는 바빙크가 미리 보스 등과 입을 맞춘 후에 루트허르스에게 연락한 것을 꺼림칙하게 받아들였다. 루트허르스가 미국에서 돌아온 카이퍼에게 부정적인 얘기를 한 결과였다. 이런 반응에 충격을 받은 바빙크는 자신이 옛 분리 측 인사들 및 동료 교수들과 유지했던 관계의 손상이라는 아픔을 감수하면서도, 양편의 주장을 종합하여 대안을 제시하였다고 답장하였다. 그러나 카이퍼는 1899년 2월 12일자 편지에서, 내용 자체가 아니라 바빙크의 일 처리 과정을 문제 삼았다. 바빙크는 동지로부터 불의의 일격을 당하고 만 것이다. 물론 충분하지는 않았지만, 그래도 옛 분리 측 인사들을 설득한 자기의 공로를 카이퍼가 이해하지 않는다는 사실 자체를 받아들일 수 없었다. 그것이 교회정치의 현실이었다. 이후 두 사람은 이전의 친밀한 관계를 다시는 회복할 수 없었다. 그들이 추구했던 칼빈주의의 부흥 자체도 여러 모양으로 피해를 받을 수밖에 없었다.

성급하게 쓴 두 소책자

당혹스러운 상황에 처한 바빙크는 신학교육기관의 통합문제를 신학교의 입장에 서서 자유대학교 측을 직설적으로 압박하는 소책자 『신학교와 자유대학교』(1899)를 급하게 썼다. 그는 이 소책자에서 합동개혁교회의 입지를 강조하면서, 협회의 위치를 재고한다. 이 사안은 1893년 총회 위원회의 보고서나, 로오만 조사위원회를 통해서도 해결되지 않았다. 협회의 정관 제2조는 다양한 해석이 가능하며, 비개혁파 교인도 협회의 회원이나 운영이사가 될 수 있다. 협회는 신조에 대한 서명이나 교회 회원권 자체와는 무관한 칼빈주의나 개혁파 원리를 기초로 삼는다. 그러나 이것은 '개혁신조의 해석을 따르는 성경'이라고 하는 것보다 더 못하다는 것이다. 합동개혁교회를 대표하는 이사가 자유대학교 안에서는 아주 제한적인 권한만을 행사할 수밖에 없었는데, 1893/1896년, 총회 차원에서 이에 변화를 주려는 시도를 하였으나, 결과적으로 아무 것도 얻지 못했다. 게다가 신학교는 조만 간에 폐교될 것이라는 염려 때문에 재정적인 어려움을 겪고 있었다. 이런 상황에서는, 합동개혁교회가 자유로운 학문연구를 추구하는 자유대학교의 신학부를 인정하려 들지 않을 것이다. 개혁교인들은 협회보다는 교회를 중요시하기 때문이다. 협회가 신학부를 설립하는 것보다는 교회가 신학교를 설립할 권리가 앞선다. 바빙크의 이런 입장은 이전의 린더보옴의 입장에 근접한다.

바빙크의 대안은 자유대학교가 신학부를 일단 교회에 양도하고, 새로 설립될 신학교를 자유대학교의 소속으로 인정하라는 것이었다. 그러면 신학교육의 양분이 종결되고, 다른 학부들은 확장의 기회를 가지며, 캄펀신학교도 고립에서 벗어날 수 있다는 것이다. 1896년에 이미 학문적인 신학부로 변모한 캄펀신학교를 위하여 학문의 유기체인 대학교 안에 입지를 확보해 주기만 하면, 합동개혁교회는 이전투구의 긴장관계를 청산하고, 칼빈주의를 보다 왕성하게 부흥시킬 수 있을 것이라고 역설하였다.

여러 반응을 일으킨 이 소책자는 바빙크로 하여금 또 다른 소책자를 쓰도록 유도하였다. 카이퍼와 루트허르스는 바빙크의 평소 제안과 이 소책자의 내용을 불신했고, 히스펀은 바빙크의 이상주의를 염려하였다. 많은 옛 애통 측 인사들이 교계 잡지에 비판의 글을 썼다. 이로 인해 바빙크는 자기의 제안 자체를 철회할 생각까지 하였다. 심지어 제자요 캄펀의 동료였던 비스터르펠트조차도 이 안이 성공할 가능성은 크지 않다고 보았다. 그런데도 바빙크는 자신의 생각을 굽히지 않았다. 거의 유일하다시피 보스는 바빙크의 안을 전적으로 지원하는 글을 『바자인』에 기고하였다. 바빙크는 많은 반응들을 정리하고, 자신의 복잡한 심경을 담은 두 번째 소책자 『교회의 권리와 학문의 자유』를 1899년 5월에 출판하였다. 그는 협회에 대해서는 한 마디도 거론하지 않고, 교회의 권리만을 강조하였다. 그곳에서 그는 학교의 통합은 합동의 면류관이 될 것이요, 통합의 실패는 합동의 실패를 의미할 수 있다고 주장하였으며, 1896년에는 신학의 권리와 자유가 핵심이었다면, 1899년에는 교회의 권리와 자유가 핵심이라는 결론을 내렸다. 그렇지만 바빙크는 자신의 의도와 달리 전례 없이 커다란 불신을 받게 되었다. 특히 지역교회나 시찰, 또는 노회의 소식지에는 바빙크를 향한 아주 노골적이고 직설적인 비난과 비판의 글로 가득 찼다. 단지 그가 이전의 분리 측 인사들과 협의했다는 것이 비판의 초점이었다. 이런 논평은 주로 옛 애통 측 배경에서 나왔고, 다행히 카이퍼가 논쟁을 더 이상 확대시키지 않았기에 비판적 논의는 가라앉게 되었다. 그러나 속으로는 여전히 알력이 곪고 있었다.

계속 타격을 받는 바빙크

두 학교를 통합할 가능성이 없다는 여론이 이겼으니, 바빙크에게 큰 타격이 아닐 수 없었다. 엎친 데 덮친 격으로 자유대학교 이사회는 1899년 8월 흐로닝언에서 총회가 모이기 10일 전에 카이퍼의 아들 헤르만 카이퍼를 그 학교의 교회사 및 교회법 교수로 임명한다. 총회는 이 통합 문제를 정리하고 총회에 조언할 위원회로, 그와 루트허르스를 포함한 10인을 선임하였다. 그러나 위원회의 보고서는 그의 안을 파괴하는 방향으로 작성되었다. 비록 다수는 바빙크의 제안대로 두 학교의 통합을 원하고 있었고, 어느 지역 교회에서도 이를 공식적으로 반대하는 편지를 총회에 보낸 적이 없지만, 협회가 분명하게 반대하니 두 학교의 통합은 불가능하다는 것이 결론이었다. 다만, 바빙크의 제안대로 문법학교는 별도의 협회가 운영하는 것이 좋겠다는 의견이 지배적이었다. 바빙크는 조퇴계를 내고 귀가하였고, 아버지 얀도 함께 떠났다. 자신의 안이 거부되었음에도 바빙크는 『바자인』에다 신학교의 독립적 존속이 강하게 확인되었다는 글을 기고하였다. 그리고 특히 루트허르스가 자신의 화해의 악수를 거부했다는 서운한 심정도 동시에 표현하였다. 결과적으로 캄펀신학교의 위치는 점차 확고해지게 되었다.

바빙크의 실패의 원인은 무엇일까. 애통 측에서는 린더보옴, 보스 등의 반대를 통해 자유대학교의 관심사에 대한 항구적인 위협과 칼빈주의의 진전에 대한 훼방을 읽었다. 반면 분리 측에서는 애통 측이 신학교의 의미를 무시하고 있다는 불안감에 사로잡혀 있었다. 위협과 무시에 대한 불안은 도무지 풀 수 없는 입장의 대결로 나타났다. 비록 바빙크의 중재안이 성사된다 하여도 애통 측과 자유대학교 측은 새 신학교의 주도권을 옛 분리 측이 쥐게 될 것이라는 불안을 떨칠 수가 없었던 것이다. 게다가, 카이퍼와 루트허르스는 바빙크가 1895~6년의 조사위원회 위원장으로서 자유대학교의 정관 제2조를 해석한 것과, 1899년의 해석 사이에 큰 차이가 있다고 판단하였다. 더구나 분리 측 인사들은 아주 경직된 태도로 타협의 가능성조차 차단해 버렸다. 이들이 중재안을 조금이라도 긍정적으로 수용하려는 태도를 취하였다면, 교회가 협력하여 학교의 통합을 성사시켰을 수도 있었다. 자기 노선에 충실한 바빙크 자신을 카이퍼가 신임하고 있다고 자신하며 이제는 분리 측 인사들을 설득하기만 하면 단일화에 성공할 것이고, 합동교회가 새로운 세기를 맞아 칼빈주의의 발전에 더욱더 매진할 수 있을 것이라며 성급하고 순진하게 판단한 것이 문제였으며, 실패의 아주 중요한 원인이었다. 주저하는 성격을 가진 그가 지나치게 서두르는 실수까지 저질렀던 것이다. 두 학교의 통합을 목표로 시도한 1896년의 구조 조정에도 불구하고, 많은 교회와 지도자들이 캄펀신학교를 애지중지하는 상황을 바빙크는 속히 깨뜨려 버리고 싶었고, 그래서 일 년도 남지 않은 새로운 세기가 오기 전에 통합을 완수하려고 서두른 것이다. 만약 바빙크가 카이퍼, 루트허르스와 사전에 충분하게 상의하였더라면, 얘기는 달라졌을 것이다. 1902년에 캄펀을 떠나면서 쓴 소책자 『잔류냐, 이직이냐』에서, 바빙크는 1899년의 일을 거론한다. 그만큼 이 일은 그에게 큰 타격을 주었고, 수년 동안 그를 괴롭혔던 일이 되고 말았다. 1896년 이후 상승하던 그의 활동은 침체기를 맞게 된다.

개혁파 원리에 대한 새로운 이해?

1899년 늦여름, 병중에 있던 카이퍼에게 위로의 편지를 쓰면서 바빙크는 서두에 이전에는 항상 부르던 '친구'라는 말을 빼버렸다. 이것은 린더보옴에게 "우리가 형제라 하더라도 반드시 친구가 될 필요는 없다"고 던진 말을 상기시킨다. 바빙크는 이제 어느 편에도 심정적으로 속하고 싶지 않은 외로움을 달래면서, 애써 안정된 모습을 보이려고 하였다. 1899년 12월 6일, 교장 임기를 마치면서 행한 특강「박사직분」에서, 그는 신학 교수직은 곧 박사직분이라고 주장하였다. 그는 이 직분의 회복을 옹호하면서, 학문의 유기체와 대학의 통일성은 추상적인 철학적 관념일 뿐이요 원리가 될 수 없다고 아주 냉소적으로 논평하였다. 이것은 카이퍼를 겨냥한 발언이었고, 자신의 신학적 입장을 담은 표현이었다. 그는 "학위 없는 사람들이 사람 없는 학위보다는 낫다"는 동료 빌링하의 말을 인용함으로써 특강을 마쳤다. 흐로닝언 총회는 캄펀의 입지를 더욱더 돈독하게 만드는 결정을 하였고, 캄펀은 이 결정을 한 교회의 기대를 저버리지 말아야 하는 의무를 짊어지게 되었다.

바빙크는 1890년 연초부터 『바자인』의 편집장의 일을 맡았다. 그는 매주 권두언을 쓰고, 교회와 사회의 다양한 사건들을 평가하며 서평도 썼다. 그의 필치는 대체로 온건하였으나, 카이퍼 제자들과 추종자들이 선택론을 출발점으로 삼아 잠재적 중생, 영원칭의 등을 주장하는 것에 대해서는 단호한 어조로 비판하였다. 비록 카이퍼는 자기의 입장을 절대 유일하다고 주장하지는 않았지만, 추종자들이 그런 입장에 빠졌음을 비난하였다. 바빙크는 유아세례를 조기에 시행해야 한다는 주장에 제동을 걸면서, 마치 애통 측이 비로소 처음으로 유아세례론을 발견한 것처럼 처신하는 것을 경계했다. 그는 유아세례의 기초가 전제(前提)된 중생이나 잠재적 중생이 아니라, 은혜언약에 주어진 하나님의 약속임을 분명히 밝혔다. 이때에 쓴 글들을 모아 1903년에 『소명과 중생』이라는 책을 출판했으며, 이곳에서 그는 중생이 소명보다 앞선다면, 설교를 통하여 회개를 촉구할 수 없을 것이라고 지적하였다. 이 책은 목회적 관심에서 씌어졌고, 카이퍼와는 신학적인 대립의 각을 세운 작품이다.

바빙크의 이런 태도는 다른 면에서도 나타난다. 그는 캄펀 졸업생인 케이저가 1900년에 스위스 로잔대학교에서 투레티누스의 생애와 신학에 관한 연구로 박사학위를 취득한 것을 축하하는 글에서, 유독 자유대학교만이 캄펀 졸업생들에게 석사 과정의 입학을 허락하지 않는다고 지적하며, 불편한 심경을 토로하였다. 이에 더 나아가 1901년 '캄펀신학교의 날'을 제정하는 데 그는 일익을 담당하게 된다. 여기에는 자유대학 교와의 구별을 강화하려는 목적이 있었다. 바우만은 이날 특강 「개혁신조가 학문에 지닌 의미」에서 개혁파 원리는 오직 개혁신조에 있다는 입장을 변호하였다. 바빙크는 『바자인』에 기고한 글에서 바우만을 지지하면서, 구체적으로 규명되지 않은 개혁파 원리 위에 세워진 학문은 모래 위의 성이라고 화답했다. 평화로울 때는 문제가 되지 않지만, 일단 갈등이 발생하면, 도대체 어떤 개혁파 원리인지가 불분명하여 사태해결이 어려워질 것이라고 보았다. 만약 신조가 신학부에서만 원리로서 인정되고 다른 학부에게는 해당하지 않는다면, 칼빈주의는 교회 밖에서 일반 은혜를 원리로 삼아야 하지 않는가? 그렇다면 자유대학교는 일반 은혜의 영역을 지배하는 원리를 탐구하며 규정하는 임무를 갖게 될 것이다. 결국 종교로서의 칼빈주의로부터 철학으로서의 칼빈주의로 중심축이 옮겨지게 되고, 이 현상은 제도로서의 교회로부터 유기체로서의 교회로, 특별 은혜로부터 일반 은혜로 옮겨가는 데에서도 나타날 것이라고 주장하였다. 이는 몇 해 전 로오만 조사위원회의 위원장이었던 이의 말이었는지 귀를 의심케 하는 발언이며, 또한 그가 개혁파 원리를 말하면서도 그 원리를 끝까지 따르지는 않았다는 사실을 보여주는 대목이다.

통합의 좌절과 교회정치의 피해자

카이퍼는 이러한 상황을 막기 위해 여러 단체와 개인들로 구성된 일종의 협의체를 구성하였다. 1901년 4월 첫 모임에서 협의체는 문제점과 해결 가능성을 일목요연하게 정리하였다. 이 협의체의 최종 회의록은 1902년 2월에 공개되었는데, 그곳에 보면 이 회의록은 '초안을 향한 계약서'라는 이름을 얻었으며, 다음의 내용을 담고 있다. 먼저, 교회와 협회는 통합교육기관의 교수를 임명한다. 교회를 대신하여 이사회가 교수를 임명하면 다음에는 자유대학교 이사회가 교수들을 중복 임명한다. 그렇게 통합하여 교수들은 신학교와 신학부에 동시에 적을 둔다. 1899년의 바빙크 안은 신학교가 신학부를 대신하면서 주인노릇을 하는 것이었지만, 이 계약서에 의하면 자유대학교 신학부가 주된 목사교육기관이 된다. 이를 위하여 개혁교회는 협회와 계약을 맺는다. 그래서 계약서라고 부르는 것이다.

바빙크는 이 계약서를 탐탁히 여기지 않았다. 게다가 그는 자유대학교가 외국 학생들을 유치하지 못하며, 그 신학부도 목사양성의 의미만을 지니게 된다면, 결국은 두 학교의 경쟁력 상실로 이어진다고 보았다. 즉 여전히 자신의 1899년의 제안을 고수하고 있었던 것이다. 자신의 의도대로 된다면, 하나의 전국적인 개혁대학교가 나올 것이요, 동시에 모든 개혁교회가 인정하는 신학교도 갖게 될 것이다. 나아가 자유대학교 설립자들이 의도하던 바대로 철저하게 개혁파적이요, 동시에 학문적으로 자유롭고 보편적인 대학이 가능할 것이다. 바빙크는 이처럼 유보적이고 우유부단한 모습을 끝까지 보였다.

1902년 아르넴 총회는 40명의 총대들로 구성되었고, 자문위원으로는 바빙크, 비스터르펠트, 린더보옴과 노르트제이 그리고 자유대학교의 헤이싱크, 헤르만 카이퍼와 루트허르스였다. 외국에서 휴가를 보내고 있던 수상 카이퍼는 편지를 보내 한 학교가 교회의 신학교이자, 동시에 신학부가 될 수는 없다면서 바빙크를 겨냥하였다. 그러면서도 계약서에 대해서는 일말의 타결의 여지가 있을 것이라고 하면서, 제한적이긴 하지만 개방적인 태도를 취하였다.

총회는 신학교 문제를 다루기 위하여 회장단에게 자문위원회의 구성을 일임하였다. 8명이 임명되었는데, 중도파는 배제된 채 각각 4명이 양 입장을 대변하였다. 노르트제이를 중심으로 4명은 교회의 혼란과 분열의 위험을 거론하면서, 계약서를 다루지 말고 폐기하자는 보고서를 제출하였다. 루트허르스를 중심으로 한 3명은 총회에서 다루되 몇 가지 사안을 개정하자는 보고서를 제출하였다. 한 위원은 로오만 건을 상기시키면서, 정관 제2조를 무조건적으로 동의할 수는 없다는 입장을 표방하였다. 총회는 26대 14로 계약서를 취급하기로 결의했고, 바빙크도 이를 지지하였다. 그래서 구체적인 실행방안을 마련하기로 하고, 전체 회의에서 모든 총대에게 발언의 기회를 주기로 하였다. 그 어간에 총대들 사이에 비공식적인 협의가 분주하게 이루어졌다. 이 과정에서 바빙크는 다시 중재안을 내었다. 즉 교수 임면권은 총회가 가지도록 하여, 협회를 완전히 배제한다. 이것은 분리 측의 입장이었다. 바빙크는 신학의 학문성을 표방하면서도 신학교육은 오직 교회의 책임이라는 사실을 포기하지 않았다. 그러나 교수 임명 추천권은 교수들에게 주어, 교회가 임명한 이사회는 그 추천에 찬반의사를 밝히고 총회에 보고함으로써 자유대학교 교수들의 염려를 불식시키자는 것이었다. 대다수 총대들이 이 안에 동의했으며 심지어 보스도 찬동하였다.

그러자, 자문위원들도 자신들의 보고서를 철회하기에 이르렀다. 노르트제이조차도 반대의견을 제출하지 않자, 바빙크는 다른 3명의 동료 교수의 서명을 받아 이 중재안을 총회에 상정하였다. 그런데 난데없이 보스가 새 안을 발의하였다. 보스는 차근차근 되새겨 보니, 루트허르스가 심약한 바빙크에게 영향을 미쳐 나온 안이라는 사실을 뒤늦게 깨달았다는 것이었다. 두 안을 표결에 붙이니 26대 14로 바빙크의 안이 통과되고, 보스의 안은 부결될 상황이었다. 그런데, 총회의 표결

직전 보스는 14명의 총대와 노르트제이 및 린더보옴의 서명을 담은 선언서를 낭독하기에 이른다. 즉, 바빙크 안은 교회가 자체 신학교육기관을 갖는다는 것을 인정한 합동정신과 합동의 조건을 위배하기 때문에, 총회가 달리 결의할 경우 자신들은 책임을 질 수 없다는 내용을 담고 있었다. 판 안델이 나서 서명한 총대들을 설득한 뒤에야 표결을 할 수 있었고, 결과는 부결되었다. 이로써 바빙크 안이 통과되었다. 총회장이 소수의 반대자들에게 다수의 의견을 따르도록 권면하자, 보스가 소수파를 대신하여 교회의 화평을 위하여 결의된 내용을 추진하지 않기를 간곡하게 호소하였다. 이때에 옛 애통 측 출신이었던 총대 판 쉘펀은 이 발언의 심각성을 간파하고, 추진하지 않기로 하자는 안을 공식적으로 발의하였다. 결국, 그의 안이 통과되었다. 총회가 교육기관의 통합을 결정하고 나서, 같은 회기에 그 통합의 결의를 시행하지 않기로 결정하는 우여곡절을 겪으면서, 합동개혁교회의 분열은 막을 수 있었다. 판 쉘펀 안의 배경은 명백하였다. 즉, 카이퍼가 합동개혁교회를 배경으로 수상이 되어, 견고한 우파연정을 수립한 상황에서 개혁교회가 분열한다면, 이것은 그에게 큰 타격을 주게 될 것이 자명한 일이었다. 자문위원회는 신학교를 교회의 고유한 기관으로 유지하기로 하며, 별세한 빌렁하의 후임을 임명하자는 제안을 하였다.

결국 바빙크의 시도는 좌초되고 말았다. 10년 간 교육기관의 통합을 성사시키려고 백방으로 애쓴 그에게는 크나큰 좌절을 안겨다 주는 결정이었다. 바빙크는 곧장 총회 회의장을 떠나버렸다. 1899년의 경험이 재현된 것이었다. 막판에 판 안델이 다시 재론을 요청하였으나 수용되지 않았다. 총회 역시 순조롭게 진행되던 분위기와는 달리 긴장된 가운데서 폐회하고 말았다. 차라리 바빙크 안을 폐기하지 말고 다음 총회로 미루었으면, 교회분열의 위험도 막고, 계속 남게 될 긴장도 풀 수 있지는 않았을까 하는 아쉬움을 남긴 총회였다.

5. 자유대학교 교수, 말년

쓸쓸하게 캄펀을 떠나다

아르넴 총회 이후 합동개혁교회는 불안감에 쌓인 채 위기국면에 들어섰다. 바빙크와 린더보음은 그 어느 때보다 깊은 갈등관계에 빠져들었다. 린더보음은 바빙크가 흐로닝언(1899) 이후 다시 루트허르스와 연합하였다는 사실을, 바빙크는 린더보음과 노르트제이가 추호도 양보하지 않으려는 자세를 용납할 수 없었다. 20년간의 동역 이후, 쌍방은 더 이상 공존할 수 없게 되었다. 린더보음은 바빙크를 신뢰할 수 없는 우유부단한 성격의 소유자로, 바빙크는 린더보음을 극단주의자로 보았다.

합동 이후의 황금기 10년을 신학교육의 단일화를 위해 진력했지만, 결국 좌절만을 맛본 바빙크는 이제 캄펀에 더 이상 머물러 있을 수가 없었다. 총회가 끝난 수주 후에 그와 비스터르펠트는 자유대학교의 청빙을 받았다. 카이퍼가 수상이 되자, 자유대학교의 교의학 교수 자리가 비게 되었고, 신학부도 상당히 약화되었다. 캄펀과 옛 분리 측의 소수파는 캄펀의 위상이 크게 저하될 것을 염려하면서, 바빙크에게 압력을 가해왔다.

동료 교수 노르트제이는 바빙크를 붙잡기 위해서 강도 높은 대화를 시도하였다. 그는 바빙크가 카이퍼와 면담하기로 한 1902년 9월 16일의 하루 전인 15일에 바빙크를 만날 수 있었는데, 그곳에서 이들은 루트허르스와 카이퍼, 판 안델과 보스를 청하여 금요일(19일)에 있을 청빙건을 놓고 서로의 의견을 교환하기로 하였다. 루트허르스와 카이퍼는 소수파가 양보를 얻어내지 않고서는 의견을 바꾸지 않을 것이라는 것을 잘 알았기에 그런 만남 자체에 별 의미를 주지 않았다. 그 사이, 이 모임에 초청을 받은 보스는 희망을 가지고 바빙크가 자기 안을 수용할 의사가 있어야 만남에 의미가 있다는 내용을 담은 편지를 바빙크에게 보냈다. 답장이 없자, 보스는 그가 자신의 안을 따를 의사가 있다고 추측하였다. 그러나 이 편지를 목요일에 읽은 바빙크는 굽히지 않는 보스의 태도로 인해 오히려 청빙의 수락을 결심하게 된다. 금요일의 만남은 바빙크의 청빙에 대하여 의견을 교환하는 것이 아니라, 그와 비스터르펠트 두 사람의 자리를 채우기 위하여 총회를 조기에 소집해야 한다는 것과 이들의 후임에 대한 얘기로 진행되었으니, 망연자실한 보스는 동석했을 뿐, 대화에는 전혀 끼어들지 않았다. 금요일의 만남은 합동개혁교회 역사에서 가장 비극적인 장면 가운데 하나였다. 수십 년을 함께 한 동역자들이 이제는 심정적으로도 완전히 결별하는 순간이었기 때문이었다. 노르트제이의 제안으로 옛 분리 측 소수파와 합의에 이를 수 있는 마지막 기회마저 좌초되고 말았다. 다음 날, 자유대학교 교수회는 두 사람을 교수로 임명할 것을 지도부에 요청하기로 결의하였다. 바빙크와 비스터르펠트 두 교수의 사역에 대해서는 좋은 평가를 한 보스였지만, 이제부터는 그들의 인격과 명예까지 해치는 발언도 서슴지 않았다.

아르넴 총회 이후 교회적인 첫 공식회의는 10월 6일의 이사회의였다. 이사회는 이들의 사직서를 반려할 수도 있었고, 아니면 이에 동의하여 총회의 조기 소집을 요청할 수도 있었다. 이사회에 출두한 바빙크와 비스터르펠트는 이사회와 협의하기 전에는 임명 사실을 공식적으로 공개하지 말 것을 자유대학교에 요청했다고 진술하였다. 이들에 대한 신뢰를 상실한 분리 측 출신 소수 이사들은 이들의 해임을 원한 반면에, 이사 다수는 이들이 자유대학교로 가도록 허락하며, 아르넴의 결정을 따라 소수파의 입장을 살려주기 위하여 캄펀을 유지하자는 태도였다. 다음날, 이사회는 두 교수들에게 신학교의 위기상황을 고려하여 잔류할 것을 권고하기로 결의하였다. 그러나 두 사람은 이 권고에 따르지 않았고, 9일에 임명을 수락하였다. 그리고 이 사실은 13일에 공개되었다. 그리고 바빙크는 그 다음 주에 발행된 소책자 『잔류냐, 이직이냐』에서 이에 대해 썼다.

린더보옴과 노르트제이는 분노하였고, 그래서 그들은 자유대학교가 신학교를 폐교시키려는 의도로 두 사람을 임명하였다는 글을 『바자인』에 실었다. 보스도 정치적인 폭력이라는 내용의 글을 썼다. 바빙크는 이런 상황 가운데서 『바자인』에 '휴전'을 선언하였다. 그러나 예외는 있었으니, 총회 이후 많은 오해와 비난을 받은 보스였다. 바빙크는 보스에게 보낸 개인 서한에서 분리 측의 역사, 교회의 권리를 설명하고, 신학교는 안정을 얻었지만, 보스와 그의 세력의 배척을 받아 자신은 크나큰 슬픔 가운데서 떠난다는 고백과 오직 하나님의 인도를 바랄 뿐이라는 인사로 편지를 끝맺었다. 보스는 자기가 보낸 9월 16일의 편지가 바빙크의 수락을 재촉하였다는 것이 너무나 어이없게 들린다면서, 캄펀을 위기에 몰아넣은 바빙크의 결정으로 인해 자신은 심히 큰 슬픔에 빠졌음을 답장을 통해 고백하였다. 어쨌든, 바빙크는 비난과 축하를 동시에 받는 아주 힘든 시간을 보내고 있었다.

이사회는 10월 30일에 회집하여, 이들에게 1903년 1월 1일부로 명예로운 퇴직을 허락하기로 결의하였고, 그날 저녁에는 총회 신학부가 동석한 가운데서 이들의 후임 교수를 결정하였다. 교의학에는 판 쉘펀을, 교회사와 교회법에는 바우만을 임명하고, 비스터르펠트의 자리는 비워두기로 하였다. 바빙크는 자신의 안이 회생할 수 있도록 이들이 임명을 수락하지 않기를 내심 바랐다. 실제로 나이가 이미 55세에 이르렀고, 친(親) 자유대학교 입장을 가진 판 쉘펀은 임명을 사양하였다. 이에 12월 18일 이사회가 소집되었고, 그 자리에서 쉘펀을 대신하여 호너흐를 임명하였다. 그리고 바우만과 호너흐는 교회의 평화를 위하여 임명을 수락하였다. 이로써 옛 분리 측 소수파는 뜻을 관철시킬 수 있었고, 이를 끝까지 제지하려 한 바빙크는 캄펀에서의 마지막 순간까지도 아주 힘겹게 보냈다. 그는 신학교의 기관지인 『바자인』 편집장직도 사직하고, 그 해 마지막 호에 고별인사와 함께 자신을 변호하는 글을 실었다.

바빙크는 1902년 12월 9일 캄펀 학생회 앞에서 고별강의를 하였다. 스스로 교수가 되겠다고 공부하는 것은 어색한 말이겠지만, 자신은 궁극적으로 신학교에서 봉사하기 위하여 학문적으로 훈련받을 목적으로 레이던으로 갔다고 말하였다. 무슨 야망을 가지고 자유대학교로 떠나는 것은 아니며, "나는 분리 측의 아들이요, 그렇게 살기를 원한다"는 말로 강의를 끝마칠 때에, 우뢰와 같은 박수를 받았다. 그와 함께 자유대학교로 떠나는 학생들도 있었다. 대작『개혁교의학』을 완성한 바빙크의 캄펀시절은 이렇게 쓸쓸하게 막을 내렸다. 개혁교회의 교의학과 신학의 중흥을 사명으로 삼은 바빙크는 교회 연합에 긍정적인 기여를 하였다. 나아가 합동개혁교회의 신학교육의 통합을 위하여 투쟁하였으나 결국 성공하지 못하고, 동료와의 관계조차 부서지고, 신학교와 교회는 위기 속에 처한 상황에서 새로 선택한 길을 가야 했다. 신학교의 형편은 말이 아니었고, 그의 가슴은 너무나 쓰렸다.

바빙크가 양 교육기관의 통합에 그렇게도 집착했던 이유는 무엇일까? 그는 자기의 신앙적 배경인 분리 측을 고립으로부터 벗어나게 하고 싶었다. 그는 신앙과 학문, 경건과 세상적인 삶의 균형적 조화를 추구하였다. 그의 이런 자세는 보편성에 대한 그의 태도에서 나왔으며, 이로 인해 레이던으로 가는 모험을 감행하였고, 역사적인 개혁신학을 연구하여 적극적으로 세상 속에서 기독인의 삶을 살고자 했던 것이다. 자유대학교로 옮기고, 교육이나 정치에 관여하는 것도 이런 배경에서 나왔다. 개혁신학에 기초하여 네덜란드를 기독교화하기 위하여 자유대학교라는 학문기관을 활성화시켜야 하며, 이를 위하여 제한적인 재원을 결집해야 한다고 보았기 때문이다. 동시에 그는 옛 분리 측의 입장에 따라 신학교육의 주체는 교회라는 입장을 고수한다. 그러나 옛 분리 측 인사들과 자유대학교의 교수들은 고유한 입장만을 고집할 뿐, 바빙크가 원하는 방식으로 보편성을 가진 학문과 신학을 추구할 기회를 쉬 베풀지 않았다. 이것이 그의 시도와 좌절의 배경이었다.

바빙크의 왕성한 연구와 결실

바빙크는 캄펀 교수로 임명된 이후 1892년까지, 기초를 쌓아가는 연구를 지속하였다. 그는 기독개혁교회 안에서 신학적, 교회적 여론을 주도하고 있는 잡지『자유교회』에 많은 글을 기고하였다. 이미 학위논문에서부터 그는 신앙과 학문의 관계를 주요한 주제로 삼고 있었다. 특히 형이상학적 세계, 곧 신의 영역은 순수이성이 파악할 수 없으며, 순수이성은 형이상학적 세계에 침투할 수 없다는 칸트의 철학을 대결의 상대로 삼았다. 다만, 슐라이어마허에 대해서는 종종 호의적인 발언을 하기도 했지만, 자신의 대안으로 삼지는 않았다. 캄펀 취임강연에서도 바빙크는 학문을 현상계로만 국한시키는 인식론을 비판하였다. 이 또한 칸트에 대한 비판이다. 하나님의 영역과 영원한 불가시적 세계도 우리에게 강하게 쇄도하고 있기 때문에 감각적인 관찰보다도 더 명확하며, 따라서 의심할 수 없다는 것이다. 여타 학문은 창조나 인간을 대상으로 삼지만, 하나님에게서 나온 신학은 하나님을 대상으로 삼는 지식이다. 여타 학문은 인간 속에 있는 기능에서 출발하지만, 신학에서는 인간 바깥에 있는 성경이 유일하고도 충분한 인식의 원천이 된다. 이 진리는 본유관념의 하나로서 정신적 삶의 본성에 속한다. 신지식이 성경에 '체계'로 담겨 있고, 그 체계를 바빙크는 교의학에서 전개하였다. 비록 선험적 체계는 아니라 하더라도, 그의 교의학은 성경의 체계를 추구하기에, 철학을 비판하면서도 이를 원용하게 만들었고, 철학적인 흔적에서 자유롭지 못하는 경우가 더러 있었다.

여기다가 바빙크는 유럽문화를 기독교화하려는 카이퍼의 작업을 추종하면서, 신학으로 이 작업에 동참하며 기여하고 싶었다. 자신의 교회 배경인 분리 측에 남아있는 절충주의를 극복하기 위하여 카이퍼 노선을 따르면서 고전적 개혁신학의 부흥에 매진한 것이다. 이 때문에 그가 1892년의 합동을 네덜란드 칼빈주의의 절정으로 보거나, 합동을 네덜란드 개혁신학의 새로운 발전으로 보는 것은 지당한 일이었다. 1888년의 교장퇴임특강 「기독교와 교회의 보편성」은 보수성과 개방성의 내적인 긴장으로 가득 차 있지만, 균형을 이루는 수작(秀作)으로 평가받는다. 1894년의 교장퇴임특강 「일반 은혜」는 앞 특강의 후속편으로 토마스의 신학(Thomism)을 호의적으로 수용하는 데에 있어 카이퍼의 신학총론을 의식적으로 따르며,

그와 신학적으로 공동의 전선을 취하고 있음을 보여준다. 두 특강은 모두 자기의 배경인 분리 측의 분리주의에 대한 경고의 성격을 지니고 있다. 그래서 칼빈이 인간의 본성적인 삶에 대해 긍정적인 입장을 취했다는 것을 강조한다. 로마 가톨릭은 자연(본성)과 은혜를 병행시키고, 루터는 양자를 강하게 분리시키며, 츠빙글리는 특별 은혜를 이방인에게까지 확장시킨다. 이런 입장과는 달리 칼빈은 이성, 철학, 음악, 문화와 학문에 나타나는 선한 것을 일반 은혜의 작용으로 보았다. 죄인은 자연에 나타난 하나님의 계시를 이해하지 못하지만, 언젠가는 자연과 은혜의 구분이 사라질 것이다. 바빙크는 그 구분이 사라지기 전에라도 일반 은혜론이 분리주의나 금욕주의를 제거할 수 있을 것이라고 단언하였다. 죄로 인하여 분리되었으나, 그리스도 안에서 이미 일반 은혜와 특별 은혜는 원리적으로는 통합되었기 때문이다. 카이퍼는 이 주제가 너무 간략하게

자유대학교 교수시절.

취급되었다고 논평하였는데, 이에 대해서 바빙크는 만약 자신이 이 주제를 길게 다루었다면, 신학이나 신학교에 미치는 영향으로 인해 많은 이들이 이 일반 은혜라는 원리를 거부하였을 것이라고 답변했다.

바빙크는 1896년에 『교육과 신학』을, 1897년에는 사실상 신학적·철학적 인간론인 『심리학의 원리』를 출판하였다. 1901년에는 『부모냐 증인이냐』, 1903년에는 『소명과 중생』을 출판했다. 전자는 성례전적 주제를 역사적으로 다루면서, 카이퍼가 주장하는 조기 유아세례를 비판하였다. 후자는 중생이 소명에 선행한다는 애통 측 신학자들의 주장에 대해서 고전적 개혁신학의 구원의 서정에서는 그런 주장의 근거를 찾을 수 없다는 것을 밝혔다. 은혜의 방편인 말씀이 신앙과 회개를 촉구한다는 것을 강조했다.

목회적인 성격의 책으로는 1901년에 나온 『현대의 도덕』이 있다. 묵상집으로는 1901년에 나온 『찬양의 제사』와 『신앙의 확실성』이 있다. 전자는 특히 입교하는 자녀들에게 선물로 많이 보급되었다. 이것은 그의 『교의학』을 권면하는 방식으로 간략하게 요약한 것이다. 후자는 하나님의 약속을 신앙의 유일한 근거로 삼았다. 1899년에는 신학교육의 문제로 『신학교와 자유대학교』, 『교회의 권한과 학문의 자유』 그리고 『박사직분』 등 세권의 소책자를 출판하였다. 10년 이상을 끈 이 문제에 대한 제일 중요한 변증서는 『잔류냐, 이직이냐』이다. 그리고 역사적인 연구도 소홀히 하지 않았다. 이런 책들과 글들은 대체로 철저한 역사적 연구를 기초로 하고 있다.

다양한 주제를 심도 있게 연구한 기초 위에, 그의 『개혁교의학』 4권은 형성되어 갔다. 4권은 각각 1895, 1897, 1898년과 1901년에 출판되었다. 『개혁교의학』은 당시까지 네덜란드에서 나온 어떤 교의학도 능가하는 대작이었다. 그는 자신이 다루는 교의마다 그 역사적 발전을 상세하게 다루었다. 또 19세기 철학과 슐라이어마허 이후의 독일과 네덜란드의 신학의 발전을 폭 넓게 소개할 뿐 아니라, 교부와 개혁자들의 입장도 광범위하게 취급한다. 그는 이처럼 자료를 섭렵하고 요약하는 데 뛰어났다. 나아가 『개혁교의학』은 강력한 체계의 특징을 지닌다. 비록 그가 주제별로 구성하기는 하였지만, 배후에는 창조주, 구속주, 완성주 삼위 하나님에 대한 신지식이 깔려있다. 당대의 철학의 발전도 잘 소화되어 있는데, 놀랍게도 그는 신(新) 칸트철학에 대항하기 위해서 당시의 신(新) 토미즘에 영향을 받고, 아우구스티누스에게로 소급되는 기독교화된 이데아론을 옹호한다. 마지막으로, 당시의 현대 신학이나 불가지론을 논박하면서, 공교회적이고 개혁적인 교의를 변호하는 실존적인 긴박감이 감돌고 있다.

쓸쓸한 바빙크

바빙크는 1901년 12월 17일에, 「예배와 신학」이라는 특강으로 자유대학교 교수직을 시작하였다. 이 강의에서 바빙크는 신학이 신앙에서 자동적으로 발생하는 것이 아니라, 다른 학문과 마찬가지로 앎과 지식에 대한 열망으로 인해 일어난다고 보았다. 예배는 신학의 뿌리가 아니라 토양이다. 신학은 예배와 종교를 통해 국가와 백성과 문화 등에 접촉하게 해 주므로, 신앙을 떠날 수도 없다고 보았다. 그렇기 때문에 신앙과 예배에 기초하지 않은 목사는 말씀의 봉사자, 하나님의 신비의 전달자의 직분을 포기하는 것이라며 경고하였다.

소도시 캄펀과 대도시 암스테르담은 여러 면에서 대조적이었다. 자유대학교에는 여러 방면에서 뛰어난 학자들이 많이 있었다. 애통 측의 모교회인 암스테르담교회의 분위기는 분리 측 교회의 분위기와는 사뭇 달랐다. 그는 신흥 상류층이 주로 거주하는 동부지역에 집을 마련하였다. 함께 임명을 받은 비스터르펠트는 그곳 출신으로 캄펀에서는 실천신학을 가르쳤으나, 자유대학교에서는 신약까지 맡았다. 비교적 침울하면서도 조용한 바빙크는 밝고 낙관적이었던 제자 비스터르펠트를 아주 좋아했다. 다른 제자인 판 헬더른은 1905년에 자유대학교의 셈어와 구약 주석 교수로 임명받았다. 바빙크는 그가 셈어를 전공하도록 조언하였고, 그의 임명에도 깊이 관여하였다.

바빙크는 루트허르스와 항상 힘든 관계를 유지했다. 루트허르스는 귀족적이었고, 일관성 있는 판단력과 입장을 가졌다. 이에 비해 바빙크는 분리 측을 이루었던 평범한 사람들과 잘 어울렸다. 교회사와 교회법 교수인 루트허르스는, 교회합동과 신학교육의 통합문제에서 초지일관하게 애통 측의 입장을 대변했기에, 바빙크와는 가까운 관계에 있으면서도 자주 충돌하였다. 구약까지 가르친 루트허르스는 총회 자문위원으로 총회와 여러 지역교회들의 문제를 자문하였는데, 합동개혁교회의 몇몇 지도자들과 비공개적으로 협의하는 방식으로 총회의 일을 주도하였다. 게다가 그는 철저하게 19세기적인 인물이었기에 강의도 크게 인기를 얻지 못한 반면, 바빙크는 20세기가 안고 온 문제의 심각성을 이해하기 위하여 노력하였고, 이 때문에 젊은이들에게 많은 영향을 끼쳤다. 두 사람은 서로 존경하기는 하였지만, 친밀한 관계로까지는 진전하지 못했다. 자유대학교의 초대 윤리학 교수인 헤이싱크는 품위가 있는 학자요, 친절한 사람이었다. 바빙크의 생애 말기쯤에는 네덜란드의 윤리신학파가 개혁파 안에도 영향을 미치기 시작하였는데, 헤이싱크는 이를 단호하게 거부하였지만, 바빙크는 침묵으로만 일관하였다. 헤르만 카이퍼는 1899년부터 네덜란드 교회사와 신학총론을 가르쳤다. 그는 다재다능한 신학자로 루트허르스에 이어 교회문제에 많은 영향을 미쳤다. 비록 그가 바빙크의 자유대학교 행(行)에 가장 큰 공헌을 하였지만, 둘의 관계는 그리 매끄럽지 못하였다. '신조학'도 가르친 그는 종종 교의학적 주제를 가지고, 특히 공개적인 박사학위에 대한 변호의 자리에서 예비 박사에게 질문하는 방식으로 바빙크와의 이견을 간접적으로 표출하였고, 윤리신학파에 동정적인 바빙크를 종종 비난하기도 하였다. 무엇보다도 그는 최선을 다하여 아버지 카이퍼의 유산을 사수하였는데, 이 때문에 바빙크의 진취적인 태도 자체를 이해하지 못하였다. 이처럼 바빙크는 동료들 사이에서 비교적 외톨이로 지냈고, 주도적인 동료들과도 잘 어울리지 못했다.

1905년 총회와 바빙크의 역할

바빙크가 자유대학교에 부임한 이후, 캄펀에서보다는 강의 부담이 많이 줄어들었고, 다른 종류의 일에도 관여할 수 있게 되었다. 게다가 『개혁교의학』의 인세로 경제적인 여유도 생겼기에, 학문과 정치 등에도 개입할 수 있게 되었다. 그래도 암스테르담을 고향처럼 느끼기에는 많은 세월이 필요했다. 그의 강의는 전임자 카이퍼보다 훨씬 덜 구성적이고 덜 사변적이었으며, 더 주석적이고 역사적 접근을 선호하였다. 그러나 캄편의 강의실에서 그가 누렸던 환호가 다시는 찾아오지 않았다. 교회 안에서도 이전만큼 중요한 영향을 미치지 못했다. 그는 옛 분리 측 인사인 린더보옴과 보스의 신뢰를 잃어버렸고, 루트허르스를 중심으로 하는 자유대학교의 소수 핵심세력에는 들지도 못했다.

1905년 우트레흐트 총회는 옛 애통 측의 일부 인사들의 신학적 문제들을 논의하고 처리하였다. 기실은 카이퍼의 신학에서 파생된 문제들이고, 그의 추종자들이 더 강하게 고수하는 경향이 있었으며, 옛 분리 측 인사들은 합동 이전부터 문제를 제기한 상태였다. 구체적으로는 '전택설', '영원칭의', '즉각적인 중생'과 '중생 전제설' 등에 관한 문제였다. 이 문제들은 언약에 대한 이해와 유아세례 등의 실제적인 사안들과 직결되어 있었다.[59] 바빙크는 이런 문제에 있어, 카이퍼를 동정적

---

59) 카이퍼는 인간이 구원에 기여하는 바가 없다는 확신에서, 하나님은 타락 이전에 이미 선택하셨고, 선택의 대상은 타락할 인간이라고 보았다(전택설). 선택받은 사람들의 중생은 말씀 없이 성령님께서 즉각적으로 행하신다(즉각적 중생). 그리고 이런 중생으로 그리스도와의 신비적인 연합이 이루어진다. 유아들이 이미 중생의 은혜를 받았다는 전제 위에서 세례를 시행한다(중생 전제설). 선택받은 사람들은 자기들이 이미 영원 전부터 칭의를 받았다는 것을 의식할 뿐이다(영원칭의). 카이퍼는 시간계 안에서 일어나는 말씀전파와 신앙이 아니라, 창세전에 이루어진 선택의 관점에서 이런 것들을 설명한다. 비록 1905년 총회가 타협안을 도출하였으나, 유아세례의 근거 등은 계속 논쟁의 주제들이었고, 이 때문에 선택이 아니라 언약을 세례의 근거로 보는 새로운 개혁운동인 '해

인 입장에서 비판하였다. 1905년의 총회에서는 그의 이런 태도가 반영되었고, 당분간 이 문제로 인한 어려움은 없었다. 결국 중생 전제설은 1942년의 총회에서 제기되어, 급기야는 1944년에 교회분열을 야기하게 된다. 이 외에도, 바빙크는 「네덜란드 신앙고백」 36조 중에 21글자의 삭제를 제안하는 보고서를 제출하였다. 36조에서 정부는 경찰권을 가질 뿐 아니라, 거룩한 종교에 대한 책임도 져서 "모든 이방종교와 그릇된 예배를 추방하고 근절하며, 적그리스도의 왕국을 궤멸해야 한다"고 그 임무를 규명하였다. 분리나 애통운동은 국가의 지배와 간섭으로부터 자유로운 교회를 추구했다. 이 보고서는 정교분리의 원리를 신앙고백서에도 반영하기를 제안한 것이며, 총회는 이 보고서를 그대로 채택하였다.

이 총회에서도 그는 다시 신학교가 수도로 옮겨오고, 교육이 단일화되어, 합동개혁교회가 내적인 분열을 극복하고 하나가 되는 것을 열망하였다. 보스 목사와 친구 빌링하 목사의 아들 등 캄펀신학교 학생들이 자유대학교로 전학을 희망하였다. 신학교 교수회의는 이 문제를 총회에 상정하여 이들의 시도를 무산시켰지만, 바빙크가 개입하여 이 학생들의 결단에 영향을 미쳤다는 것은 이해가 쉽지 않은 부분이다. 1914년,

---

방운동'이 1944년에 일어났다.

헤이그 총회는 그에게 신학교의 박사학위 수여권에 대한 자문을 요청하였다. 린더보옴도 자문위원이었는데, 그간에 흐른 세월로 상처는 치유되고, 두 사람은 서로 협력할 수 있었다. 바빙크는, 학문기관이 아닌 교회의 회합으로서의 총회가 순수한 학문적 사안을 다룰 수는 없기에 교회의 학교인 신학교가 박사학위를 수여할 수 없다고 보았다. 총회는 바빙크의 자문에 따라 박사학위 수여권을 신학교에 부여하지 않기로 결정하였다. 참석한 자문위원을 대신하여 바빙크는 폐회 직전에 발언하였다. 그는 양 신학교육기관의 교수들 간에 협력이 가능하며, 개혁교회의 발전과 하나님 나라를 위하여 한 교수회처럼 일한다는 긍정적인 발언을 하였다.

바빙크는 1906년에 학술원 회원이 되었다. 1908년 교수취임 25주년 축하연에서 그는, 나이가 들수록 성경말씀에 순종하는 자기의 모습을 말하면서 모든 문제를 다 풀지는 못하지만 회의주의에 빠지지 않으며, 자연과 역사에서 하나님의 손길을 더 깊게 느끼는 신비에 젖은 내면의 희락을 진솔하게 표현하였다. 그 해 8월에 그는 네덜란드를 떠나 9월 7일에 뉴욕에 도착하여, 프린스턴신학교에서 스톤특강 「계시철학」을 강의하였다. 1911년에는 상원의원이 되었다. 1913년 개혁교회 전도집회에서 그는 전도가 감리교적인 것이 아닌, 개혁파적인 의미로 죄인을 십자가 아래로 인도하는 것이라고 설파하였다. 그러므로 전도는 국민 전체의 개혁이라는 의미를 지닌다고 보았다.

프린스턴에서의 스톤강좌

바빙크는 1908년 말에, 미국 프린스턴신학교에서 스톤강좌를 하였으며, 강좌는 같은 해에 『계시철학』으로 출판되었다. 바빙크는 이 강의에서 인간과 창조와 당대의 학문 전 영역에 대한 자신의 입장을 밝히고 있다. 특히 독일철학의 최신 연구까지 인용할 뿐 아니라, 영국이나 미국의 자료까지 섭렵하고 있다. 「전도서」를 상기시키는 문장으로 시간계는 마음에 평화를 줄 수 없기에, 마음의 출처와 의미와 목적을 밝혀주는 계시를 필요로 한다고 그는 말한다. 여기서는 이데아론보다는 계시 자체가 더 큰 조명을 받는다. 첫 장에서 그는 계시와 철학의 관계를 다룬다. 계시와 의식과 시간계 사이의 조화를 추구하는 것이 목적이다. 바빙크는 아우구스티누스, 슐라이어마허와 칸트 세 사람의 사상에서 인간 의식에 관한 조화를 찾으려고 시도한다. 아우구스티누스는 영혼을 실체적인 주체로 보았다. 슐라이어마허는 인간의 자기의식이 하나님께 의존적이라고 주장하였다. 그러면, 자기의식은 세계와 동시에 하나님과도 관계를 맺게 된다. 칸트는 인간 정신이 현상의 무질서에 질서를 구성하는 능동적인 역할을 한다고 보았다. 여기에 그의 신학에 자리 잡고 있는 이데아론, 감성론과 선험적인 주체가 등장한다. 계속하여 그는 단일론과 진화론을 논박하고, 당시의 종교학과 종교심리학의 문제를 지적한다. 그리고 결론적으로 이런 학문들이 옛 신학의 세속화라는 것을 밝힌다. 마지막 장에서는 계시와 문화와의 관계를 다루고 있는데, 그는 기독교 신앙이 문화와는 적대적이라는 주장을 일축한다. 그리고 독일에서 유행하던 독일사상과 기독교의 일치, 예수님을 아리안족으로 묘사하는 인종주의를 경고하였다. 이런 사상들을 비판하고 나서, 그는 세상의 흑암 위에 높이 있는 하나님의 영광을 찬송하면서 특강을 마무리하였다.

카이퍼의 정치적 야망을 비판하다

1901년 카이퍼는 수상이 되었다. 그러면서도 『더 스탄다르트』지의 편집장직도 고수하고, 반혁명당 중앙위원회 위원장직도 유지하였다. 그런데, 당내에는 선거권 문제로 그와 이전 로오만의 노선에서 보편적 선거권을 반대하던 파비우스 간에 알력이 있었다. 게다가 강제적으로 사회보장제도에 가입시키는 카이퍼의 정책에도 반대한 파비우스는 카이퍼의 가장 강한 보수적 반대자가 되었다. 바빙크도 1903년 2월 중앙위원회에서 이 문제에 직면하였다. 카이퍼가 사퇴의 압력을 받고

도 이를 거부하자, 바빙크는 중재에 나섰다. 하지만 별 진전이 없었다. 수상은 선거운동을 할 수 없다는 조항으로 인해 선거운동을 할 수 없게 되자, 카이퍼는 1904년 11월에, 다음 해에 있을 총선에 대비하여 바빙크에게 비밀리에 반혁명당 위원장직과 중앙위원회 실행위원장직을 제안하였다. 카이퍼는 철도 파업 등 현안들을 해결하기 위하여 수상에 재선되기를 원했다. 바빙크는 그의 제안을 정중하게 사양하였다. 하지만 카이퍼는 다시 여러 차례 강청하였고, 바빙크는 끝내 이 제안을 받아들였다. 갈등관계에 있었으면서도 카이퍼가 바빙크에게 의사봉을 넘겨주려 한 것을 보더라도, 당시 그의 높은 신임도를 짐작케 해 준다. 전국 지구당을 활성화시키고, 선거에서 승리하기 위한 공약을 작성해야 하는 긴박한 순간에 바빙크는 이 직책을 맡았다. 1905년 4월 반혁명당 집행위원회가 우트레흐트에서 열렸다. 바빙크는 철도 파업, 사립고등교육기관의 법적 지위, 초등교육법, 카이퍼 정권을 향한 좌파의 공격 등을 중심으로 담은 기조연설을 하였다. 정부가 기독교에 결코 중립적이지 않으며, 하나님의 영광을 위하여 있다는 점을 상기시키면서, 적극적인 기독교정치의 필요성을 역설하였다.

선거운동은 치열하였다. 자유주의자들이 기독교정당을 정계에서 축출하기 위하여 전면전을 펼치는 바람에 카이퍼는 선거에서 패배하고 재선에 실패하였다. 선거에 패배한 카이퍼는 지중해로 떠나 1년간 머물다가, 바빙크에 이어 1907년 10월에 다시 위원장직에 복귀한다. 당 지도부는 다음 선거에서 승리하기 위하여 먼저 선거권 문제를 다루었다. 이전까지는 가장투표권 제도였는데, 이것은 반혁명당에 유리하였다. 파비우스는 이를 계속 고수하였던 것에 비해, 바빙크는 이 제도를 바꾸어야 한다고 역설하였다.

카이퍼는 늙어갈수록 권력을 포기하기는커녕 더 집착하였다. 자신에 대한 비판을 참지 못하였고, 점차로 당과 교회 내의 반대자들로부터 배척받기 시작하였다. 바빙크는 새로운 변화를 요구하는 소장파에 귀를 기울였다. 1907년, 카이퍼가 70세가 되는 해에, 바빙크는 위원장으로서 축제를 준비하고 축사를 하였다. 그러나 그의 어조는 1897년과는 사뭇 달랐다. 카이퍼의 학도와 추종자로서 끝없는 찬사와 경의를 표하던 이전과는 달리, 이제는 대등한 동지로서 보다 차분하고, 보다 균형을 잡은 채 그와 그의 업적을 평가하였다. 1909년 선거 직후, 그는 중앙위원직에서도 공식적으로 사직한다. 1909년에 같은 당의 헤임스케르크가 수상이 되자, 카이퍼와 바빙크의 갈등은 더욱 심화되었다. 수상시절 카이퍼가 개신교로 개종한 유대인에게 훈장을 받게 하고, 그로부터 거금의 당비를 받았다는 사실이 언론에 크게 보도되었다. 이로 인하여 그가 다시 수상이 될 수 있는 길은 아예 차단되고 말았다. 카이퍼는 외국여행을 떠나기 전에 이 일에 대해 해명하기로 약속하였으나, 그는 계속 침묵을 지켰다. 바빙크는 이 사안을 가지고 카이퍼에게 개인적인 편지를 보내어, 온당하지 못한 그의 처신을 지적하고, 하나님의 교회가 지켜보고 있음에도 불구하고, 어찌하여 주님의 이름과 우리의 신앙고백이 짓밟히도록 방임하고 있었는지를 추궁하였다. 그리고 주님께서 지혜를 주시사 주님을 기쁘시게 하고 영광을 돌리는 방식으로 해결할 것을 기도한다면서 편지를 마쳤다. 이에 카이퍼는 그 해 11월에 하원에 출석하여 자기의 잘못을 시인하는 성명서를 발표하였다. 그 해명은 받아들여지고, 이 사안은 종결되었다. 바빙크는 카이퍼의 독주로 인하여 당내나 교회 안에서 일어난 불만에 동조하면서, 계속 카이퍼를 권고하고 비판하였다. 1차세계대전 중에는 카이퍼가 공개적으로 전범국인 독일을 지지하자, 바빙크는 그를 비판했다. 1915년 바빙크는 두 명의 자유대학교 교수와 두 이사가 함께 자신이 작성한 '5인성명서'를 발표하여 다시 카이퍼를 비판하였다. 카이퍼가 수상 퇴임 이후 수상직을 욕심 내지 않고, 여러 사람들의 권유대로 하원의원으로 일했다면, 그는 그리 힘든 노후를 맞지는 않았을 것이다. 바빙크는 카이퍼가 오직 수상직만을 바라보며, 정당한 비판조차도 수용하지 않는 태도를 지적하면서, 그가 지도자의 자리에서 떠날 것을 촉구하였다. 동지들을 규합하여 카이퍼를 옹호하던 1896년과는 정반대되는 입장이었다. 이 성명서에 대해 당내에는 찬반양론이 뜨겁게 일어났다. 개혁교회가 당면한 문제를 직시하고, 개혁파 원리의 저력이 무엇인지를 재확인하여야 하지만, 새로운 타개책이 나오지 않음을 안타깝게 여기는 심정이 이 성명서의 배경에는 역력하게 깔려있었다. 개혁교인들이 변화에 겁을 먹고 보수주의에 빠지는 것을 막으려는 그의 의도가 잘 나타난 것이다.

정치와 교육 현장에 몰두

1911년에 바빙크는 상원의원이 된다. 그는 상원에서 다양한 주제에 대하여 연설하였다. 종교학부가 된 국립대학교의 신학부를 명실상부한 신학부로 개정할 것을 촉구하였고, 식민지를 기독교의 정신으로 통치할 것을 촉구하였다. 그는 여성 참정권도 주장하였다. 이것은 당시에는 아주 진보적인 주장이었다. 남자와 여자는 하나님의 형상으로 창조되었고, 예수께서 여자에게서 났다는 점 등을 논거로 들었다. 또 정치권에서도 정신적이고 도덕적인 가치를 존중해야 한다고 역설하였다. 국민생활이 죄로 인하여 철저하게 부패한 것을 지적하면서, '회개'를 촉구하기도 하였다. 그러나 구제는 국가가 아니라, 교회의 사명이라는 논거로써 사회주의에 반대하였다. 1919년에 마지막 연설을 하였는데, 정치 성향의 좌우를 막론하고 정부는 기독교적 원리를 적극적으로 존중해야 한다고 역설하였다.

이처럼 바빙크의 후기 생애는 교회나 신학보다는 더 넓은 영역에서 이루어졌다. 정치와 교육 쪽에서의 그의 활동은 더욱 두드러졌다. 1870년대의 기독교학교투쟁은 종결되었고, 이제는 이 승리를 공고히 하며 확장할 때라고 보았다. 1906년에 그는 기독교학교를 쟁취하기 위한 정치적 투쟁에서 앞으로는 교육학적이고 방법론적인 투쟁의 시기가 도래하였다는 내용을 담아, 개혁파 학교연맹을 조직하고, 창립 연설을 하였다. 그는 이 연맹의 의장으로 선출되었고, 기독교 교육학협회 회장이기도 하였다. 1904년에 그는 쇠퇴 일로에 있는 개혁파 학교협회에 관한 보고서를 썼다. 이 협회는 재정적인 어려움에 처한 개혁파학교를 지원하던 단체였다. 그러나 모든 학교가 국고보조를 받게 된 상황에서 이 협회의 존재 이유는 사라지고 말았다. 바빙크는 보고서를 통해서, 이제는 연맹을 구성하여 기독교학교가 동일한 신앙고백과 사명과 관심 위에서 상호협력하고 도우며, 정보를 교환할 필요성이 있음을 역설하였다. 그리고 이를 통해 지역기구를 만들고, 연례대회를 개최하며, 새로운 자료를 교환하고, 사범학교와 교육학 연구소를 세우자는 제안을 하였다. 1904년에는 『교육학원론』을 출판하였다. 기독교학교는 투쟁의 마지막이 아니라 시작이라고 지적한 이 책은, 이 분야의 권위서가 되었다. 이곳에서 그는 교육이 문화와 삶을 다음 세대에 전수하는 것이라고 보았다. 또 심리학이 교육학에서 지니는 의미를 잘 해명하였다. 바빙크는 독일의 아동심리학이나 아동병리학에도 큰 관심을 기울였다. 그러나 교육학을 심리학 위에 정초하는 것은 정면으로 반대하였다. 심리학보다는 종교와 신학이 교육학 정초에 기여할 것이 더 크다고 보았기 때문이다. 또한 다윈의 이론에 기초한 심리학이나 교육학의 위험을 경고하였다. 특히 그는 종교교육을 중심으로 언어 영역과 자연과학 영역을 정위시키는 전반적인 초등학교 교육 과정을 구상하였다. 언어와 역사는 산수나 자연과학보다 중요하다고 보았다. 그러나 지식획득을 주로 삼는 그의 입장은 여전히 19세기적이었다. 그는 기독교사모임의 기관지인 『성경을 가진 학교』에 많은 글을 기고하였다. 1908년에 『기독교가정』에서는 가정이 사회의 최소 단위임을 주장하기도 하였다. 이 책은 상당히 차가운 철학적인 어조로 쓴 것인데, 교육학은 인간의 본질과 발생을 관심사로 삼아야 하며, 교육학은 철학적 분과로서 신학 및 철학과 밀접하게 연관되어 있어야 한다고 주장하고 있다.

이런 다양한 관심과 활동으로 인하여 신학에 대한 그의 관심은 그만큼 줄어들었다. 그는 1906, 1908, 1910, 1911년에 『개혁교의학』 4권을 차례로 개정하였다. 여러 곳을 보완하고, 새로운 자료를 첨부하였으나, 원리나 내용면에서는 1판의 기조를 그대로 유지하였다. 1911년에 『현대주의와 정통』을, 1912년에는 『기독교』를 소책자 형태로 출판하였다. 전자는 자유대학교 총장퇴임특강을 정리한 것이었는데, 현대 신학의 문제점들을 다룬 수작으로, 당시 네덜란드의 현대 신학자들과의 대화라 하겠다. 『기독교』는 교의를 복음의 헬라화라고 보는 교의사가 하르낙의 명제를 반박하면서, 교의의 관심은 '그리스도 안에서 주어진 계시의 실재와 궁극성'이라고 밝히고 있다. 1909년 칼빈 탄생 400주년에는 칼빈에 대한 논문을 발표했고, 『일반 은혜』를 영역하여 기념논문집에 기고하였다.[60] 그는 자신의 교의학을 평이한 필치로 요약한 『하나님의 크신 일들』과 기독교 중등교육을 위하여 『기독교교육입문』을 출판하기도 하였다. 1913년에 사실상 그의 교의학적 작업은 막을 내린다. 강의 준비에 필요한 극소수의 책만을 남기고, 심지어 고전적인 개혁신학자들의 저작들까지도 모두 처분해 버린 것이다. 신학과 교의학 대신에 이제 그에게 교육학과 철학이 새로운 주제가 되었다. 1904년에 그는 소책자 『기독교학문』과 『기독교세계관』을 출판하였다. 전자에서 그는 다시 칸트와

---

[60] "Calvin and Common Grace", *Calvin and the Reformation,* London & Edinburgh: Fleming H. Revell Company, 1909, 99-130쪽.

대결한다. 바빙크는 이곳에서 칸트가 형이상학을 추방하였기에 유물론과 불가지론이 득세하였으며, 네덜란드의 경험주의자 옵조오머도 이 영향 하에 있다고 보았다. 이에 비해 신칸트주의는 그래도 종교의 여지를 남겨두는 개선된 모습을 지녔다고 평가했다. 이러한 비판에 대한 대안으로 그는 비판적 실재론을 주장하는데, 신 토미즘의 영향을 많이 받은 것으로 보이며, 심지어 칸트의 흔적도 엿보인다. 바빙크는 『기독교세계관』에서는 불가시적인 세계와 감각으로 관찰할 수 있는 세계와의 대치를 용납하지 않았다. 불가시적인 것은 가시적인 것에서 나타나고, 경험계 뒤에는 이데아계와 규범계가 펼쳐져 있기 때문이다. 그는 조화를 추구하는 사상가로서 중세의 흔적도 보이지만, 역시 현대인으로서의 고민 또한 안고 있었다. 바빙크는 자연과학, 특히 다윈의 이론에 정통하여 그 허점을 잘 알고 있었다. 즉, 진화론은 작업가설로는 가능하지만, 결국은 세계관이 되고 말았다는 것이 그의 반론의 핵심이었다. 플라톤, 아리스토텔레스, 아우구스티누스와 토마스, 칼빈과 칸트와 셸링을 인용하면서, 이들을 상호 조화시키려는 모습 속에서 우리는 바빙크의 종합적인 작업방식을 다시 한번 확인할 수 있다.

바빙크의 신학과 철학적 작업은 1914년을 기점으로 종결된다. 따라서 1920년 전후에 등장한 바르트나 브룬너 신학, 셸

러와 훗설의 현상학이나 실존철학과는 대결하지 않았다.

그는 역사적인 개혁신학을 당대의 현대 신학과 대결시켰고, 철학자로서 19세기의 실증주의와 유물론을 반박하였다. 이렇듯 바빙크는 신학과 신앙의 세속화에 휩쓸리지 않고, 역사적인 개혁신학의 보편성의 관점을 가지고, 여러 신학자와 철학자의 사상을 소화하고 현대화하려고 노력한 신앙고백자였다.

바빙크와 소장층의 운동

1892년 합동 이후부터 개혁교회 안에 상존하던 제반문제들이, 1914년 1차세계대전의 발발과 함께 노출되기 시작하였던 것이다. 카이퍼의 영향력은 점차 줄어드는 반면, 바빙크가 자유대학교에서 배출한 목회자들이 주동이 되어 다양한 문제들을 진지하게 다루기 시작하였다. 1914년 덴 하흐 총회 개회사에서, 더 모르 목사는 당시의 위장된 평화는 생동감이 아니라 나태함에서 연유한다며 세태를 강하게 비판하였다. 이때에, 이른바 '소장층 운동'이 그 모습을 드러내기 시작하였던 것이다. 이들은 당시 합동개혁교회를 지배하고 있던 수구적 자세와 외형주의를 강하게 비판하였다. 이에 대해 빌링하 등은 새로운 성경 번역, 예전의 갱신(更新), 신앙고백의 확대 등을 내세웠다. 어쨌든 이들은 교회를 지배하고 있던 자족감을 부수고 싶었다. 가장 핵심적인 인물 중에 한 명이었던 네이털른보스는 국가교회의 예배를 인도하였고, 이 때문에 제명당했다. 빌렁하는 네이털른보스의 처신을 비판했다. 이보다는 네이털른보스가 이 운동에 자극을 준 사람으로 바빙크를 거명하였다는 사실이 중요하다. 그는 1911년에 출판된 바빙크의 『현대주의와 정통』을 언급하면서, 이곳에서 바빙크는 현대 문화와 변화된 세계를 뛰어나게 요약하여 기독교가 처한 상황과 의미를 제시해 줌으로써 구시대에서 새시대로 향하도록 영감을 주었다고 하였다.

이들은 1920년에 창간된 새로운 잡지 『개혁』을 중심으로 모이기 시작하였다. 이들은 도르드레흐트 회의 이후에 출현한 문화적 변화에 대처하고 갱신운동을 전개하기 위하여 신조와 예전서들을 개정할 필요성을 역설하였다. 빌렁하는 바빙크 사후에 이 잡지의 창간이 바빙크의 소원이었다고 밝혔다. "우리의 신 칼빈주의호(號)가 출범하기 훨씬 이전에, 바빙크 박사는 이른바 소장층의 운동과 연관하여 지속적인 개혁운동을 추진하는 자들이 발행하는 새로운 잡지를 제안하고 권고하였다." 그렇다고 하여, 바빙크가 이 운동의 전면에 나선 것은 아니었다. 그는 측면에서 호의적인 태도로 추이를 지켜보고 있었을 따름이었다.

카이퍼의 영향이 감소하고 있는 시점에서 바빙크는 60세

(1914)를 맞이하였다. 소장층에 큰 영향을 끼치고 있던 그는 개혁파 신자들에게 새시대의 실상을 바로 알려주고 싶었다. 그는 세계대전이라는 서구 기독교의 위기를 예의주시하면서, 도덕적 가치가 위기에 처해 있다는 것을 간파하였다. 여러 매체와 글을 통하여 그는 전쟁의 문제를 다루었으며, 1917년 로테르담 총회에서는 총회가 전쟁에 반대하는 입장을 결의하도록 유도하였다. 그러면서 그는 대학·청년 조직에 적극적으로 관여하였다. 특히 국립대학교에서 공부하는 개혁교회 학생들에게 큰 관심을 기울였다. 인생의 후반기에는 네덜란드 기독학생연합을 적극적으로 지원하였고, 강령 작성에도 가담하였다. 학생연합의 25주년인 1911년 기념식에서, 그는 19세기 부흥운동의 배경에서 이 운동을 설명하였다. 1919년에 그는 국가교육자문위원회 의장으로 임명받았다. 또 이 위원회의 한 분과였던 초등·유아위원회 위원장직도 맡았다. 그가 교육부 장관이 될 것이라는 소문이 나돌았지만, 실제로 임명까지는 이르지 않았다. 1916년에는 『청소년교육』을, 1920년에는 『성경적 종교교육』을 출판하였다.

말년의 바빙크는 변했는가?

말년에 바빙크는 변하였는가? 20세기 초에 사회와 교회는 변화의 한가운데에 처해 있었다. 1905년 우트레흐트 총회가 여러 신학적 주제들에 대한 화해안을 이끌어 낸 뒤에는 합동개혁교회 안에서 진지하고 생동감이 넘치는 신학적 논의는 점차 사라져가고 있었고, 교회와 신학은 서서히 보수화의 길로 들어서기 시작했다. 이전 분리 측은 잡지 『파수꾼』을 창간하여 옛 분리 측 전통만을 고수하는 폐쇄성을 노출하였다. 아들 카이퍼도 이전 애통 측의 노선을 보수할 뿐, 갱신운동에는 호의적이지 않았다. 소장층은 이런 보수화에 반기를 들었지만, 자체 내에 뛰어난 신학적 인물이 없었다. 바빙크도 보수주의를 경고하였지만, 그 조차도 자신의 『개혁교의학』에만 정주하고 있었다. 1918년, 스스로 교정한 제3판은 제2판의 복사본 이상이 아니었다. 국내외에 등장한 수많은 변화를 감지하였으나, 바빙크는 스스로 그 대안을 마련하지는 못했다. 레이던에서 란트에게 비판철학을 배운 그로서는 인간 지식의 상대성과 한계를 절실히 체험하였다. 이데아론에 대한 흥미를 점점 잃어가면서, 바빙크는 경험에 기초한 지식에 더 관심을 가지기 시작했는데, 특히 마지막까지 성경론에 집착하였고, 자신이 옹호하던 유기적 영감설이 최종 발언이 아님을 인지하고 있었다.

바빙크가 별세하기 1년 전인 1920년 여름에, 총회가 레이와르던에서 모였으며, 이 총회는 당시의 시대상황을 여실하게 노출시킨 회의였다. 바빙크는 젊은이들의 방문을 많이 받았고, 시대의 문제가 무엇인지를 잘 알고 있었다. 자기의 논문을 편집하여 출판한 자기 동생에게와 개혁파 교인들에게 시대의 상황을 알리고, 조속하게 단합과 신뢰의 회복을 촉구하는 소책자를 쓰겠다고 말했다. 이런 상황에서 그는 총회에 상정된 네이털른보스의 건이나 신조와 예전 갱신 청원건 등 쉽게 풀 수 없는 문제들로 인하여 답답한 마음을 가눌 수 없었다. 한바탕 소용돌이가 닥쳐올 줄 알면서도 제대로 대처할 수 없었기 때문이었다. 총회는 시대정신에 대하여 토론하고 입장을 밝히기 위하여 진지하게 움직였다. 바빙크의 캄펀 후임자였던 호너흐는 극장출입, 카드놀이와 춤추는 것을 포함시켜 경고의 메시지를 전하기 원했으나, 바빙크는 교회 안에 있는 이보다 더 끔찍한 범죄, 즉 고리대금업이나 전쟁물자 투기, 삶의 세상화 등에 주목하고 있었다. 그는 신조를 그대로 유지하되 확장하여야 하며, 특히 영감과 성경의 권위, 참 교회와 거짓 교회, 국가와 교회의 직무에 관한 신앙고백은 개정될 필요성이 있다는 내용을 담은 보고서를 제출하였다.

임종

바빙크는 피곤한 상태에서 레이와르던을 떠나 집으로 돌아

장례식 사진. 집에서 운구하는 장면.

왔다. 그리고는 외부 출입을 하지 못하고, 침대에 누워 지내는 형편에 처했다. 1920년 9월 24일에, 창간호를 발행한 『개혁』에는 바빙크도 동인으로 기명되어 있다. 1921년 3월에 목사사역 40주년이 되었다. 임직받을 때에 그는 젊었고, 많은 이상과 활력을 가지고 사역을 시작하였다. 그런데, 40년이 지난 후에 교회, 정치와 사회는 얼마나 많이 변했는가. 많은 이들이 병상에 누워있는 그를 방문하였다. 옛 캄펀 동료 빌렁하의 아들인 교구 목사 바스티안이 기도하기를 청하자, "감사, 범사에 감사"를 기도할 것을 청했다. 그의 부인에 의하면, 마지막 순간에 그는 자주 「시편」을 읽어달라고 청했고, 특히 「시편」 16편, 86편과 8편, 103편 등을 자주 읽었다고 한다. 1921년 7월 29일에 그는 영면했고, 8월 2일 장례식에서 학생들이 그의 관을 운구하였다. 수백 명이 장례식에 참석했으며, 무덤에서는 「시편」 84편이 읽혀졌다. 하관할 때, 누군가 갑자기 "주님의 이름이 영원한 찬양을 받으시며, 만입이 주님을 찬송하리이다. 온 세상이 나의 이 찬송을 '아멘'으로 화답할지로다"로 흐르는 「시편」 72편 11절을 부르기 시작하자, 참석한 이들도 따라 불렀다. 개혁교회는 한 해 전에 카이퍼를 잃고, 다시 바빙크를 떠나보냈다. 새로운 역사가 시작도 되기 전에, 이전 역사는 종지부를 찍고 있었던 것이다.

"내 학문이 아니라, 오직 신앙만이 나를 구원한다."

사실 그의 말년의 교의학강의에 대해서는 적지 않은 불만이 있었다. 그가 임종하자 이사장은 "이제 자유대학교에도 다시 교의학을 강의할 때가 되었다"고 말할 정도였다. 바빙크는 교의학을 강의하였지만, 교의학 외에 '현대 신학과 철학의 주요 문제', '인식론'과 '현대 종교와 신학의 문제' 등을 다루었다. 이런 관심은 새 시대에 등장한 많은 문제들에 대한 타개책의 모색과 연관되어 있었다. 소장층은 새로운 변화에 새로운 대답을 제시하기 위하여 그를 지도자로 여기고 활동하였다. 동료 교수들도 그의 역할을 기대하고 있었다. 말년에 법학 교수 아너마는 그와 인간적인 신뢰를 완전히 회복하였고, 법학 이론에 새로운 학문적 기초를 놓기 위해 공동작업을 꿈

꾸기도 하였다. 많은 이들이 그의 입을 바라보고 있었으나 그는 침묵하였다. 그는 사람들 사이에 화해를 이루고 사람을 결집시키려고 하였기에 전투적인 면을 보이지 않았고, 게다가 소심한 면이 있었기에, 위기 국면에 처할 때마다 그는 침묵을 지켰다. 말년에 바빙크의 정체성은 여러 면에서 흔들리고 있었다.

교수로서의 바빙크는 어느 학교에서도 빛날 학문적 선생이었다. 박학하였고 독서량은 엄청났지만, 결코 잰체하는 법이 없었다. 문제를 파악해 내는 예리한 감각을 지녔으며, 성급하지 않고 깊은 성찰을 통해서 해결책을 알게 되면, 스스럼없이 이를 알렸다. 그는 불필요한 논쟁을 야기하는 위장된 해결책을 항상 경계하였다. 논리학을 철저하게 공부했기 때문에 알지 못하고서는 말할 수 없는 비합리적인 요인의 의미도 잘 알고 있었다. 교의학자로서 그는 개혁신학이 칼빈신학과 동일하다는 자세로 캄펀과 암스테르담에서 사역하였다. 단순히 칼빈에게로의 회귀는 아니었으며, 그 이후의 발전을 고려하면서 비판도 하고, 유보적 입장을 취하기도 하였다. 1750년부터 경직되기 시작하던 개혁신학을 그는 이런 자세로 활성화시켰다. 바빙크는 레이던에서 철학도 공부했기 때문에 종교와 철학의 고유성과 차이를 간과하지 않으면서도, 기독철학자 아우구스티누스와 같은 위대한 사상가들의 사상을 공부할 수 있었다.

이 과정에서, 그는 삶과 세계에 관한 질문들을 던지고 이성과 감정을 충족시키는 『계시철학』을 추구하였다. 그는 칼빈처럼 개혁파 사상 뿐 아니라, 개혁파의 생활에 대해서도 관심을 기울였다. 이에 반해 아름다움의 감동을 봉쇄하는 경건주의적 폐쇄주의를 폭로하고 비판하기도 하였다. 그는 일반 은혜의 관점에서 예술과 과학기술의 위대한 발견과 유익한 발명을 받아들였다. 이것은 재세례파를 거부하는 칼빈주의 정신의 발로였다. 연구와 교수직에 지장을 받지 않는 한, 교육과 사회 문제, 교회와 국가의 관계 등 실제적인 문제들을 설명하고 가르치기 위해 전국을 여행하였다. 물론 이 모든 사역의 기초는 성경에 기록된 하나님의 특별 계시였다.

바빙크는 반대자에 대해서도 항상 포용성을 가지고 상대방의 장점을 부각시키는 노력을 기울였다. 그는 당대의 많은 신학자와 기독교 사상가들을 존경하였다. 그럼에도 그는 이들보다 어려운 시기에 칼빈주의의 기치를 올린 흐름을 더 존경한다고 말하였다. 캄펀과 같은 소도시에서 활동하였으나, 그는 폭넓은 공교회적 정신을 지녔다. 이런 자세는, 그가 1888년 12월 18일에 행한 특강 「기독교와 교회의 보편성」에서 이미 잘 나타난다. "복음은 개인뿐 아니라, 인류 전체, 가정과 사회와 국가, 예술과 학문, 전 우주, 신음하고 있는 모든 피조물들을 향한 복음이다. 신앙이 받은 약속은 세상을 이김이다. 이 신앙은 보편적이어서 때와 장소, 어느 국가와 민족에만 국한된 것이 아니다. 이 신앙은 모든 상황에 적합하며, 본연적인 삶의 모든 형편과 연관되고, 모든 시대에 합당하며, 유익하며, 모든 환경에 적당하다. 오직 죄에만 대항하면서, 십자가의 보혈로 정화되는 것 외에 어느 것과도 충돌되지 않는다." 그는 자연과 은혜의 균형 있는 관계를 제시하면서, 분리 측 교회 안에 여전히 남아있는 분리주의의 흔적을 경고하였다. 분리운동에 대한 지나친 미화도 경계하면서, 애통운동도 개혁임을 분명하게 말하였다. 이런 포용성은 1911년의 특강 「현대주의와 정통신앙」에서도 잘 나타난다.

이처럼 온건한 바빙크였으나, 신학교육기관의 통합문제에 있어서는 카이퍼에게 큰 상처를 입었다. 카이퍼와 갈등관계에 빠졌고, 옛 분리 측 인사들과도 등을 지고 말았으며, 개혁파 원리를 확고하게 따랐던 그가 이 과정에서 그 원리를 비판하는 지경에까지 나아가게 되었다. 그는 교회정치의 현실을 엄청난 대가를 치르고 나서야 인정할 수밖에 없었던 것이다.

카이퍼의 영향력이 감소됨에 따라, 많은 젊은이들이 바빙크를 추종하기 시작하였다. 그는 이들의 세계를 이해하고자 개방적인 자세를 취하였다. 특히 이들을 개혁파 전통뿐 아니라, 그 바깥에 있는 조류와도 접촉하게 만들었다. 개혁파의 다른 지도자들과는 달리, 대학생 운동에 대해서도 그는 호의적인 태도를 보였다. 1920년 총회가 연극, 춤과 카드놀이 등에 대해 경고하는 결의를 하려 할 때에도, 바빙크는 이런 움직임 뒤에 있는 숨어있었던 협량한 정신을 비판하였다. 이런 것들만을 죄로 여기고, 가령 1차세계대전 당시에 있었던 고리대금업을 통한 부당 수익에 대해서는 침묵을 지키는 것은 편파적이라고 지적하였다. 스코틀랜드의 설교자 어스킨형제의 선집 번역 출판에 부친 머리말에서, 바빙크는 그의 설교에는 당시 네덜란드 교회에서 찾을 수 없는 중요한 요소가 있다고, 즉 네덜란드에서 유행하던 교화적 강론에서는 빠져있던 영적 내면성이 어스킨의 설교에는 들어있다고 썼다. 이렇게 그는 죄와 은혜, 죄과와 사죄, 중생과 회개가 무엇인지 잘 모르는 세태를 비판하였다. 이런 표현은 온건한 바빙크가 가장 신랄하게 표현한 예라고 볼 수 있다.

교회의 분리와 합동이라는 교회적인 문제뿐 아니라, 세기가 바뀌어서 새로운 문제들이 제기되는 시대를 신앙으로 헤쳐나간 바빙크가 임종시에 한 말은 그의 일생을 잘 대변해주고 있다. "내 학문이 내게 준 유익은 무엇인가? 내 교의학 또한 나에게 무슨 소용이 있는가? 오직 신앙만이 나를 구원한다."

6. 헤르만 바빙크의 신학 총론

바빙크의 신학은 각각 1895, 1897, 1898년과 1901년에 4권으로 출판된 『개혁교의학』에 집대성되어 있다. 1권은 총론이고, 2권은 신론, 3권은 인간론과 기독론, 그리고 언약론을 다루고, 4권은 구원론과 교회론과 종말론을 다루었다. 그는 이 대표작 이전에도 다양한 주제를 다룬 소책자들을 썼으며, 그 후에도 이 책에 나오는 주제들을 다룬 소책자나, 초판에서 취급하지 않은 새로운 주제들을 다룬 단행본들을 출판하기도 하였다. 후기 작품으로는 『하나님의 크신 일들』이 제일 중요하다. 우리는 교의학을 기본 자료로 삼아, 그의 신학을 요약하고 정리할 것이며, 필요한 부분에서는 다른 저작들을 참고하고 비교하면서 그의 신학을 살피려 한다.

초판 서문을 읽어보면 바빙크가 보편성을 추구한 신학자라는 것을 잘 알 수 있다. "옛 것이 단지 옛 것이라는 이유 때문에 찬양하는 것은 개혁신학적이지도 않고, 기독교적이지도 않다. 교의학은 옛 상황이 아니라, 현재의 당위성을 기술한다. 교의학은 과거에 뿌리를 내리고 있지만, 미래를 향하여 작업한다." 그는 성도의 교제 가운데서, 그리스도의 사랑의 진리를 깨달은 자만이 선배들의 동지가 될 수 있다는 신념을 가지고서 교부들과 중세 신학자들과 종교개혁의 전통을 살펴가며 당대의 신학적 조류들과 대결한다. 스위스의 종교개혁, 이른바 개혁신학의 전통이 진리를 독점하지는 않지만, 상대적으로 가장 순수하게 표현하고 있다고 확신한다. 개혁교회와 개혁신앙고백들은 기독교의 진리가 지닌 종교적, 윤리적, 신학적인 성격을 가장 넓고 깊게, 그리고 참되고 보편적으로 파악하며 확립하였다는 역사 이해를 가지고, 바빙크는 스러져버린 자기 시대의 개혁신학 전통에 활기를 불어넣었다.

교의학이란 무엇인가?

교의학 첫 권은 교의학의 이름이나 위치, 방법론과 분류 및 연구역사로 시작하지만, 실제로는 교의학의 원리론을 다룬다. 원리론에서, 그는 먼저 당대 학문의 원리론, 즉 합리론과 경험론과 실재론을 다루고, 종교문제를 다룬다. 그리고 철학의 원리론으로부터 신학과 교의학의 원리론을 조명한다. 그가 취

서재에서.

하는 외적 인식원리는 계시이고, 내적 인식원리는 성령 혹은 신앙이다.

교의학자 바빙크는 교의학을 어떻게 정의하는가? 그에 의하면 교의학은 신지식에 관한 학문적 체계인데, 하나님께서 자신과 자신의 모든 피조물에 대해 말씀으로 교회에 계시하신 것에 대한 지식이다. 이 정의는 신학의 정의와 같은데, 그는 교의학을 신학의 핵심으로 본다. 교의학을 포함한 신학의 대상을 하나님이라고 본 캄펀 취임특강(1883) 이후, 그의 정의는 바뀌었다. 그는 이제 교회의 위치를 강조한다. 우리는 성경을 백지상태에서 읽는 것이 아니라, 이전의 교회가 성령의 인도로 성경을 읽고 유산으로 남긴 교의(dogma)를 참고하는 것이다. 교의는 진리 자체는 아니지만, 교회는 성경에 기초하여 교의를 결정하는 데에 봉사하고 선포하는 권세를 소유한다. 체계(조직)라는 말은 엄격하게 내재적으로 성경에서 나온 체계를 뜻한다.

바빙크는 교의학의 방법론에서, 주요한 세 요인인 '성경', '교회의 신조'와 '개인적 신앙고백'을 언급하면서 성경의 계시를 앞세운다. 그리고 성경보다 교회와 신조를 강조하면 전통주의에, 교회와 신조를 아예 무시하면 성경주의에 빠진다는 점을 지적한다. 바빙크에 의하면 교회에 속해 신앙의 교제를 나누면서, 유일한 원리인 성경으로부터 믿음을 통해 신지식을 도출할 수 있는 자만이 교의학을 할 수 있다. 그러므로 이를 무시한 19세기의 주관주의적인 의식신학을 철저하게 반대하였다. 교의학에는 개인적인 독특한 재능과 교육과 통찰력이 스며들게 마련이다. 이성의 깊이나 사고의 명료성도 각자 다르며, 죄도 의식과 판단력에 영향을 미치기 때문이다. 이 때문에 신학적 작업도 개인적인 흔적을 지닌다고 바빙크는 말한다.

그는 성경으로부터 교의들의 발생을 추적하고 재해석하는 역사적인 종합적·발생론적 방법을 선호한다. 그래야 인간론적이지 않고 신학적으로 되기 때문이다. 즉 하나님에게서 출발하여 그의 사역으로 나아가며, 그에게서 마친다. 교의학적 자료를 계시 외적 원리로부터 도출한 체계에다가 제단하지 않고 각론 형식으로 다루다 보니, 결국은 「네덜란드신앙고백서」의 순서를 따르게 되었다. 바빙크는 형식적·내용적인 교의학의 구분을 거부한다. 합리론은 형식적인 부분을 장황하게 다루면서, 이성에 의한 자연적인 신지식을 포함시켰다. 그러나 형식적인 부분에서도 여전히 이성의 증거보다는, 신앙으로 작업하고 있음을 강조한다.

그가 이해한 교의학의 주제는 처음부터 끝까지 하나님이다. 교의학은 하나님의 본질과 창조사역, 그리스도의 구속과 성령님의 완성사역을 드러내면서, 하나님의 이름의 영광이라는 목적을 지향한다. 송영으로 마치는 교의학은 무미건조한 학문이 아니라 변신론(theodicy)이며, 하나님의 모든 성품을 향하는 찬송이요, 감사와 경배의 노래이다.

바빙크는 이어 신학적 원리론, 철학적 원리론과 종교의 원리론을 차례로 다루면서, 각 원리론을 삼위일체론적 표현으로 마감한다. 먼저 신학원리론을 형식 논리로부터 도출하여 본질원리, 존재원리와 인식원리로 나눈다.

신학의 본질원리는 하나님이며, 구체적으로 하나님의 자기지식과 자기의식이다. 하나님의 자기지식은 원형이요, 우리의 신지식은 그 원형을 복사하는 모사(模寫)이다. 존재원리도 하나님이지만, 이에 대해서는 별 언급을 하지 않은 채 인식원리인 계시를 양분한다. 외적 인식원리인 성경은 내적 인식원리인 성령님의 조명으로 인간에게 전달된다. 하나님의 절대적인 자기지식은 인간 의식에 적응하여 모사적인 신지식이 된다. 신학을 인식 주체의 관점에서 3분할 수 있는데, 그리스도가 가진 '연합신학'과 천사들이나 영면한 성도들이 가진 '환상신학', 그리고 지상의 성도가 행하는 '여정신학' 또는 '계시신학'이 있다. 후자도 선지자와 사도들의 신학과 일반 성도의 신학으로 나뉜다. 이 신학은 정도와 방식의 차이일 뿐이지 내용의 차이는 아니다. 나아가 본질적으로 동일한 세 원리는 하나님의 삼위론적 본질에 기초하고 있다. 즉, 성부께서 로고스인 아들을 통하여 성령님 안에서 피조물에게 자기를 계시하신다.

바빙크에 의하면, 신학과 교의학은 문화와 사상의 일부이며, 따라서 철학과 교류할 수밖에 없다. 그는 자기의 교의학으로 기독교적 학문활동 전체에 기여하기를 원했고, 계시의 빛 아래서 보편적인 학문이론을 수립하려고 하였다. 그는 학문이 주체와 객체 사이의 논리적인 관계성으로 존재한다고 보았으며, 이에 따라 합리론과 경험론을 동시에 비판한다. 그리고 그에 대한 대안으로 비판적 실재론을 내세웠다. 합리론은 지식의 원천을 인식주체로부터 찾으면서, 공허한 추상과 사변을 수반하는 관념론에 빠질 위험을 안고 있다. 경험론도 비판받아야 한다. 인간은 외부 세계에 대해 결코 피동적이지 않으며, 학문은 선험적인 전제에서 출발해야 한다. 일상 경험의 확실성이 학문의 기초이기는 하지만, 이 경험적 지식의 정제가 학문이요, 철학이 되어야 한다. 그리고 바로 이 정제작업이 비판적이기에 바빙크는 비판적 실재론을 주장하는 것이다.

사고(생각)는 실재를 관찰함으로써 '영원한 진리'라고 일컫는 근본 개념이나 근본 원리를 형성한다. 학문의 대상은 경험적인 개별자를 넘어서는 보편적인 이데아이며, 지성은 이 보편을 추적한다. 경험적 현상계에는 통일과 질서, 이데아와 로고스가 있으며, 인간 속에 있는 이데아가 이에 상응한다. 아리스토텔레스의 입장에 따라 토마스와 중세는 이 보편을 사물 자체에서 찾으려 하였다. 바빙크도 당대에 부흥하던 신 토미즘의 비판적 실재론을 수용하여 여러 교의들을 설명하였다. 물론 명쾌한 해명과 동시에 모순이나 의문도 수반되었다. 하나님은 철학적 원리론에서도 본질원리이다. 하나님의 의식에는 만물의 이데아가 있으며, 만물은 말씀(로고스)을 통하여 창조되었다. 창조세계가 학문에 있어 외적인 인식원리라면, 내적인 인식원리는 이성이요, 오성이다. 이 또한 삼위론적 기초를 가지고 있다. 성부는 성자를 통하여 성령님 안에서 자기를 우리에게 계시하신다. 바빙크는 이로써 신학적 원리론과 철학적 원리론이 상통한다고 보았던 것이다.

바빙크는 당시의 종교학이 가진 심리적·경험적 종교 이해를 비판하고, 종교가 계시의 산물이라는 사실을 강조한다. 종교의 자리는 배타적으로 오성이나 의지, 감정만이 아니라 머리, 가슴과 손 등 전 육체를 포괄한다. 하나님은 종교의 대전제이며, 종교의 본질원리요 존재원리이다. 종교와 계시는 상응한다. 계시가 외적인 인식원리라면, 내적인 인식원리로서 주관적인 계시가 있다. 주관적이라는 표현은 인간이 계시를 소유하고 주관적으로 다룰 수 있다는 의미이다. 여기에서도 바빙크는 삼위론적 문구를 사용한다. 성부는 성자를 통하여 성령님 안에서 자기를 우리에게 계시하신다. 그는 학문과 신학의 존재원리를 삼위 하나님으로 보고, 신학적으로 하나님에게서 출발하여 그의 사역으로 나아가 그에게서 마친다.

계시

이제 바빙크는 신학과 학문의 외적 원리인 계시와 성경을 본격적으로 다룬다. 계시란 하나님께서 인간이 자신과 올바른 관계를 유지할 수 있도록 자기를 알려주는 의도적이고 자유로운 행위이다. 그리고 계시에 기초한 인간의 반응은 신지식과 예배이다. 바빙크는 외적인 인식원리인 계시를 일반 계시와 특별 계시로 나누며, 이 양자를 모두 인정하지만, 일반 계시와 본성적 신지식을 동일시하는 중세의 전통은 거부한다. 종교개혁 측은 자연(본성)신학의 합리적 독자성을 거부하여, 이를 별도로 다루지 않은 채 신앙론에 흡수시켰다. 그러나 바빙크는 칼빈조차도 이러한 잘못된 개념에서 자유롭지 못했다고 평가하고 있는데, 우리가 보기에는 그 자신도 온전히 자유롭지는 못한 것 같다. 바빙크는 일반 계시를 창조와 역사와 인간의 양심까지 포함하는 창조로 국한시켰다. 누구라도 창조를 관찰하고 이해할 수 있다는 의미에서 일반적이라는 의미이다. 그렇기 때문에 이 계시를 통해서는 하나님의 선성과 의 등 제한된 속성만을 알게 할 뿐, 그리스도를 직접적으로 알려주지는 못하는 한계를 지닌다. 그래서 불충분하고 오류에 휩싸여 있지만, 이방종교를 이해하는 데에는 가치가 있다. 일반 계시의 문맥에서 일반 은혜도 거론한다. 개혁파가 일반 은혜를 주장하였는데, 성령님의 일반 은혜는 정치, 사회뿐 아니라, 학문과 예술, 도덕과 법률, 나아가 종교에서도 확인될 수 있다. 칼빈이 말한 종교의 씨나 신의식의 관점에서 보면, 기독교는 이방종교들과 대립적이지 않으며, 오히려 그것들의 성취이다.

교의학자는 신앙과 특별 계시 안에서 자연과 역사를 본다. 그리고 그곳에서도 그리스도 안에서 아버지로 알게 된 것과 동일한 하나님을 발견한다. 일반 계시는 특별 계시를 짊어지고 있는 기초이다. "일반 계시는 자연과 은혜, 세상과 하나님의 나라, 자연과 도덕의 질서, 창조와 재창조의 일체성을 보장한다."[61] 양 계시의 통일성은 하나님 그분이시다. 하나님은

---

61) I, 294쪽.

자연 계시를 통해 만인에게 자기를 알게 하며, 특별 계시를 통해서는 은혜의 하나님으로 자기를 알려주신다. 일반 계시의 주관적 기관은 수용성인데, 이를 의존의식이라 부르기도 한다. 의존의식은 인간의 자기의식의 핵심으로서, 하나님의 존재와 계시에 상응하며, 특별 계시의 주관적인 기관인 신앙을 가능하게 한다. 이점에서 일반 계시는 특별 계시의 하부 구조이다. 일반 계시에서는 하나님의 신성이, 특별 계시에서는 삼위일체 하나님이 계시의 주체이다. 일반 계시에서 창조주 하나님은 로고스와 성령님으로 우리에게 말씀하시지만, 특별 계시에서는 아버지 하나님께서 육신을 입은 아들을 통해, 그리고 그리스도가 획득한 성령님을 통해 우리에게 계시하신다. 자연은 은혜에 선행하며 은혜는 자연을 완성하고, 이성은 신앙으로 인하여 완성되며, 은혜는 자연을 복속시킨다. 자연은 은혜를 추천하고 은혜는 자연을 교정한다. 이것은 중세의 전통을 상기시킨다. 하지만 바빙크는 특별 계시를 교리의 전달이 아니라, 역사적인 과정이라는 생각을 개진함으로써 현대성을 지닌다. 즉 계시는 성육신에서 절정에 이른다. 그러므로 계시는 생명을 전달하기에 단순히 오성만을 향하지 않으며, 궁극적으로는 구원론적이다. 성령님이 내적으로 역사하셔서, 이 계시를 깨닫고 믿음으로 수용하게 하며, 아들의 형상을 닮게 하시기 때문이다.

성경

이러한 계시 이해로부터 성경관이 나온다. 바빙크는 먼저 하나님의 적응을 전면에 내세운다. 계시는 인간에게 소유되기 위하여 성경이라는 종(從)의 모양과 모습을 취한다. 성경은 그 자체가 계시의 일부이다. 그는 성육신을 빗대어 성경의 영감을 설명하고 변호한다. 그리스도가 육신을 입었음에도 죄가 없으셨던 것과 같이, 성경 저자들에게 약함이 있을지라도 성경은 흠 없이 잉태되었다. 이러한 해명이 정당한지에 대해서는 의문이다. 성경은 우리에게 교훈을 주기 위하여 의도적으로 씌어진 책이며, 그렇기에 살아계신 하나님께서 성경을 통해 우리에게 말씀하신다. 성경은 단지 과거사를 기록한 책이라기보다는 우리를 자기와 연결시키는 하나님의 생명의 말씀이다. 성경은 하나님의 살아있는 목소리요, 전능하신 하나님이 자기 피조물에게 보낸 편지인 것이다.

이러한 관점에서 그는 유기적 영감론을 전개한다. 하나님께서 성경에 임재하심이 영감의 기초라는 말이다. 그가 성경의 영감을 상당히 장황하게 다루는 것은 당시의 시대상황을 고려하였기 때문이다. 레이던에서 현대 신학과 성경비평학을 접한 그로서는, 역사적인 개혁신학의 부흥의 기초인 성경과 그 영감을 새롭게 확립해야만 했다. 그는 이제 기계적 영감설을 대신하여 유기적(有機的) 영감설을 제시한다. 기계적 영감설은 영감으로 주어지는 초자연적인 요소만을 주목함으로써 성경 기자들의 하부구조인 인격성과 역사적 상황을 무시해버렸고, 그들을 성령님의 손에 잡힌 무의식적인 도구로만 보았다. 그렇다고 슐라이어마허가 시도한 역동적 영감설이 좋은 대안이 될 수 있다고 본 것은 아니다. 왜냐하면 이 이론은 영감을 성경이 아닌 저자들에게만 국한시키며, 강조점을 계시의 지적 측면에서 윤리적 측면으로 옮겨버렸기 때문이다. 그리하여 역동적 영감설에서는 성경 기자들이 받은 영감과 성도들이 받는 영감이 구분되지 못하며, 옛 영감론을 폐기시킬 뿐 아니라 그 의도까지 없애버렸다. 바빙크 자신은 삼위일체론적으로 기초된 유기적 영감론을 주장한다. 「베드로후서」 1장 21절에 근거하여 바빙크는, 성령님이 성경의 제일의 저자이시고, 실제의 기자들을 기관이요 2차 저자라고 해석하면서, 올바른 영감론은 두 저자들 간의 관계를 올바르게 정립할 수 있어야 한다고 말한다. 즉 성부는 계시의 기관인 기자들에게 영감을 겨냥하여 준비시키러 부르셨고, 로고스인 성자는 아버지의 생각을 이들에게 계시하셨으니, 이처럼 성령님의 영감은 성자께서 주시는 계시의 맥락 가운데서 이루어졌다는 것이다. 나아가 영감은 성령님이 기자들에게 베푸신 중생, 믿음과 회개의 사역을 포함하며, 성령께서는 이들을 준비시키셨고, 기록과 저자들의 연구나 활동까지도 조성하셨다. 이로 인해 기자들마다 특성이 있고, 문체에도 차이가 나타나는 것이다. 그러나 물론 성경기자들이 유기적으로 동일한 영감을 받았다는 공통점 위에서 이런 독특성이 주장된다. 중심과 주변을 전체적으로 아우르는 유기체 사상을 원용하여, 바빙크는 성경에서 주변에 있는 아무리 사소한 기록조차도 고유성을 지니면서 전체의 흐름에 기여한다고 말한다. 결국 바빙크의 이러한 주장은 옛 영감설과 슐라이어마허의 주장을 종합한 것이라 할 수 있겠다.

바빙크는 성경이 기록 당시에만 영감받은 것이 아니라, 현재까지도 여전히 영감된 책이며, 성경이 자증하는 내용, 곧 하나님에 대한 신뢰로부터의 성경 영감을 주장한다. 즉 성경이 가르치고 있는 하나님과 그리스도와 구원을 믿는다면, 성경이 영감을 자증하는 것도 믿을 수 있다는 것이다. 그러나 성경의 형성과 구조의 과정을 오직 역사적으로만 탐구하는 비평학에서는 이러한 성경의 자증을 거부하고, 성경을 더 이상 믿지 않는다. 바빙크는 「디모데후서」 3장 16절, 「베드로후서」 1장 21절을 주석하면서, 마치 세상 가운데 성령님께서 임재하시듯, 성경 영감과 성경 기록은 창조와 교회 안에 역사하시는 성령님의 사역의 절정이요, 면류관이라고 말한다. 그는 삼위일체론이나 성육신과 같이 영감론도 하나의 교의로 본다.

성경 기록의 명령이 성경에는 없지만, 말씀이 육신이 되었고, 말씀은 성경이 되었다고 한다.

바빙크에게 성경은 더 이상의 검증을 용납하지 않는 기본 공리인 원리이다. 신학은 감정이나 이성, 교회나 고백, 교황이나 공의회가 아니라, 공리인 성경으로부터 출발해야 한다. 그러면 이 공리와 인식 주체를 어떻게 연결할 것인가? 이것은 내적 인식원리의 문제이다. 바빙크는 감정을 신학의 원천으로 삼은 슐라이어마허를 비판하지만, 그가 성령님께서 신지식을 우리에게 주관적으로 소유하게 하신다고 본 것은 높이 샀다. 성령님은 교회의 교사이다. 성령님은 객관적으로는 성경에서, 주관적으로는 인간의 영에서 역사하는 그리스도의 가장 강력한 증거자이다. 성령님은 성경 이외의 새로운 계시를 주지 않으시고, 다만 객관적인 계시를 이해하고 소유하게 하신다. 계시는 성령님의 증거로써 인간 중에서 실현되며, 목표에 도달한다.

바빙크는 신앙을 내적인 인식원리라고 규명한다. 지식은 외부로부터 오는데, 모든 지식은 의식의 중재를 받아야 한다. 감정이나 마음이 아니라, 오성이 진리의 주관적인 기관이듯이, 계시를 인식하는 기관은 신앙이어야 한다. 그는 신앙적인 인식을 지식과 학문의 영역으로부터 격리시키는 것을 경계하였다. 로고스는 진리를 객관적으로 우리 앞에 펼쳐두고, 주관적으로 우리의 정신에게 확신시킨다. 이러한 성령님의 내적 증거를 유비로써 이해해야 한다. 성령님은 신앙 안에서 우리에게 증거하신다. 성경의 자증과 성령님의 증거는 마치 빛과 눈의 관계와도 같다. 신앙의 마지막 근거는 성경이요 더 정확하게는 하나님이시지만, 성령님의 증거는 신앙을 일으키는 효과적 원인인 것이다.

바빙크는 이렇게 원리론 전반을 다루고 나서, 지금까지 말한 바를 결론적으로 정리한다. 즉 신학은 계시의 완성 뒤에 비로소 가능한 작업이다. 계시가 종결되어야 계시에 대한 반성이 시작될 수 있기 때문이다. 이를 위하여 신학은 이성과 철학적 체계를 이용해야 한다. 그러나 어느 구체적인 철학만을 참되다고 말해서는 안 된다. 여기서 바빙크 신학이 지닌 현대성과 고민이 나온다. 그에 의하면, 신학의 주체는 조직교회가 아니라, 유기체 교회이다. 신학의 발생은 그리스도가 교회에 주신 직분에 있지 않고, 전체 기독교가 수행하는 사고와 반성의 결실이다. 이런 입장에서, 신학을 신학교가 아니라 대학교의 신학부에서 가르쳐야 한다는 그의 소신이 나오는 것이다. 교회가 없는 신학은 죽은 생명이요, 신학 없는 교회는 소멸할 것이다. 하지만 우리는 그의 유기체적 교회관이 지닌 문제를 간과할 수 없다.

신앙은 그리스도 안에 주어진 하나님의 은혜를 신뢰하는

것일 텐데, 모든 성도는 동일한 지식을 가졌으나, 이 지식이 신학에서는 깊고 넓게 발전한다. 신앙과 신학의 원리는 하나님의 말씀이며, 그 대상은 신지식이요, 목적은 하나님의 영광이다. 바빙크는 신앙 없는 신학을 거부하면서, 신학은 신자의 통상적인 신앙 지식과는 다르다고 말한다. 하지만 신앙(종교)과 신학은 동일한 원리인 성령님의 가르침에서 온다. 사실 자체에 머무는 일상 지식과는 달리 학문적 지식은 그 이유에까지 파고들듯이, 신앙은 사실에 머물지만 신학은 이념에까지 파고든다. 신학은 신앙에 기초하여 '왜'와 '어떻게'를 질문한다.[62] 신학공부에는 인문학, 곧 철학, 역사 및 언어학의 과정을 거쳐야 한다. 이렇게 무장한 신학적 사고는 성경으로부터 자료를 취합하여 전체적인 조망을 제공하고, 신학적인 반성을 통해서 신학적 체계에까지 이르러야 한다. 신학은 하나님의 말씀과 사역의 상호관계를 탐구하고, 나아가 하나님의 본질까지 추구한다. 물론 신학이 체계와 하나님의 본질을 추구한다 하더라도, 신학은 근본적으로 예배와 경배이다. 참 멋진 지적이다. "신학이 추구하는 신지식은 이런 성질을 지닌다. 신지식은 (주지주의적) 앎만이 아니며, (개념적인) 파악만도 아니다. 이보다 더 나으며, 영광스러운 지식이요 영생이다."[63] 이

---

62) I, 585쪽.
63) I, 591. 그는 「요한복음」 17:3을 언급하면서 1권을 마친다.

처럼 신학은 다 파악하거나 다 파헤칠 수 없지만, 알 수는 있고, 경외를 표해야 하는 신비와 상관한다. 이것은 한편으로는 신학이 송영과 찬미가 되어야 한다는 뜻이기도 하지만, 이어서 다룰 신론의 첫 부분이 '하나님의 불가해성'으로 시작된다는 예고이기도 하다. 어쨌든, 현대성과 보편성에 개방적이었던 바빙크는 신학을 송영으로 파악하면서, 자신의 신학이 안고 있는 주지주의적인 경향을 완화시킨다.

7. 삼위 하나님

평생 불가지론과 투쟁한 바빙크는 신론의 서두에서 하나님의 불가해성이 신지식의 내용이라고 말한다. 하나님의 본질에 대한 지식은 모든 지식을 능가하기 때문이다. 그는 성경이 계시하는 신지식을 말하기 위하여 인식론적인 입장에서 접근하는데, 신지식은 항상 모사적이고 부적합하며, 유한하고 제한적이지만, 그런데도 참되고 순정하며, 충분한 특징 또한 갖고 있다. 하나님께서는 '신인동형설'적으로 자연이나 인간의 신체, 내면성을 이용하여 인간이 이해할 수 있는 방식으로 자기를 계시하신다. 신지식은 하나님의 무한한 본질을 알게 한다는 의미에서는 긍정적이지만, 하나님을 여하한 술어로도 묘사할 수 없다는 의미에서는 부정적이며, 피조물을 통하여 하나님의 본질을 어느 정도 알 수 있다는 의미에서는 또한 유비적이다. 하나님과 피조물간의 질적 차이를 전제하면서 유비를 찾는 입장은 토마스 신학에서 연유하였는데, 이는 신지식에서도 하나님의 전적인 초월에도 불구하고, 하나님과 그의 작품 간에 존재하는 유사성과 근친성에 근거한다.

바빙크는 계시에 의존하기 때문에 '본유적 신지식'을 거부한다. 초기에는 '본유관념'의 존재를 인정하였으나, 교의학에서는 이를 단호하게 거부한다. 계시와 무관하게 본유관념으로 신지식을 타고난다고 말한다면, 계시와 동등한 또 다른 인식 원천이 존재하게 되며, 이는 결국 별도의 신지식이 가능하다는 말이 되기 때문이다. 철저히 계시에 의존적이라면, 모든 신지식은 계시를 통한 간접적인 신지식이 될 것이며, 따라서 유비적일 수밖에 없게 된다. 바빙크는 계시와 무관하게 이성적인 반성을 통하여 신지식에 이른다는 신 존재 증명을 거부한다. 신 존재 증명은 신앙의 근거가 아니라, 신앙의 산물일 뿐이기 때문이다.

본유적인 것이 있다면, 그것은 신지식의 내용이 아니라 신지식을 향한 자질일 것이다. 예전에는 신자들이 이 자질에 기초하여 성경을 읽고, 그럼으로써 하나님을 아는 것을 자연신학이라 불렀지만, 점차 불신자들이 이성을 통해 자연을 설명하는 방식으로 그 의미가 변질되었다. 개혁자들은 이를 반대하면서, 자연신학과 그 논거를 신앙론에 선행시키지 않고, 신앙론 자체에 수용하였다. 바빙크는 칼빈의 주장을 좇아, 신의식과 종교에서의 씨의 의미 그리고 내재적 신지식에 동등한 의미를 준다. 즉 이것은 심겨진 인식이며, 신의식에 해당하는 잠재력이요 경향이라는 말이다. 하나님의 계시는 너무나 강력하여 만인의 의식에 반향을 일으키므로, 인간은 본성상 이를 타고난다고 말할 수 있다. 이것은 경험론에 대항하는 논거이다. 그렇지만 오직 계시에 반응할 때에 활동하는 이 잠재력은 본유관념과도 분명히 다르다. 그런데도 바빙크는 이 잠재력에 고유한 내용을 제공하는 애매성을 보인다. 그가 수용한 이 구별이 별로 유용하지 않을 수도 있다는 대목이다. 이런 구분은 인간론에서도 나타나며, 중생론이나 은혜의 방편론, 계시와 이에 반응하는 믿음의 관계에서도 재현될 것이다.

하나님의 속성

바빙크가 자연으로서의 피조물과 인간의 본성으로서의 자연으로부터 신지식을 논의함으로써 나타난 난점은 하나님의 속성을 다루는 데에서도 비슷하게 나타난다. 물론 그는 하나님의 속성과 무관하게 본성을 말하는 전통을 오류라고 지적한다. 그러나 그 자신은 이런 오류로부터 얼마나 자유로운지를 따져볼 필요가 있다. 그는 하나님의 단순성에 기초하여 속성과 본질의 동일성, 곧 구체적 속성은 속성마다 하나님 자신이라는 주장을 고수한다. 그는 속성을 이름이라는 넓은 개념으로 포괄시킨다. 신지식의 유비적 특성으로 인해 하나님의 이름은 공유적인 동시에 비공유적이라고 본다. 먼저 그는 고유 이름과 본질적 이름을 구별하면서, 후자를 속성 또는 덕성이라고 부른다. 이러한 분류의 근거는 하나님의 형상이다. 하나님은 자존자, 살아계신 영, 빛과 거룩한 자이시며, 주님과 왕으로서 계시하셨다. 자존하시는 하나님의 속성으로는 '영원성', '불가변성', '무한성'(영원성과 불측량성), '일체성'(단일성과 단순성)인데, 이것들만이 비공유적 속성이다. 살아계신 영의 속성으로는 '영성', '불가시성'과 '단순성'을 든다. 빛으로서의 하나님은 '지식', '지혜', '진실성', 영이신 하나님은 '선하심', '의', '거룩함'을, 주님과 왕이신 하나님은 '의지', '자유', '전능'의 속성을 가지신다. 이것들은 다 공유적 속성으로 분류된다.

이러한 속성의 분류와 평가의 배경에는 모사적 신지식의 가능성과 인간이 하나님의 형상이라는 사실이 깔려있다. 말하자면, 모사인 인간이 영이라면 원형인 하나님도 이미 영이라는 말이다. 그는 이성을 의지보다 우선시하는데, 이를 통해 빛으로서의 하나님의 속성과 거룩하신 하나님의 속성을 구분한다. 인간은 형상을 발전시켜 영원한 복을 받는데, 이를 유비로 삼아 완성의 속성을 다루면서 바빙크는 속성론을 마무리한다. 그의 신론과 인간론은 이처럼 밀접하게 연관되어 있는 것이다.

존재와 생성의 철학적 구분에서도 피조물의 특성인 생성에 앞서는 존재, 곧 자존자 하나님을 말한다. 더 엄밀하게 보면, 바빙크에게 있어 존재 이전에 사고가 선행하여 존재를 구상한다. 이것은 아리스토텔레스 철학과 신(新) 토미즘을 차용한 것인데, 보편은 사물에 실재하기 전에 먼저 하나님의 의식에 존재하고 있다는 것이다. 그렇기에 우리의 지성은 사물에 있는 지성적 요소를 추출할 수 있으며, 그것이 지성의 내용이 되는 것이다. 이에 비해 피조물은 본질상 창조주의 본질과는 구분된다. 피조물의 특성은 생성이기 때문이다. 생성의 특징은 다수성이고, 하나님의 본질은 일체성이다. 만물의 존재뿐 아니라 상재(常在), 본질뿐 아니라 그 구성까지도 하나님께서 결정하셨다. 이에 기초하여, 바빙크는 기독교철학이 플라톤-아리스토텔레스의 이데아론을 적어도 그 형식에 있어서는 수용할 수 있다고 보았다. 이것은 토마스 신학의 '존재의 유비'를 수용하는 것이기도 하다. 이데아는 생성으로 자신을 구현하는데, 그것은 결코 원인적이거나 기계적인 것이 아니고 목적론적이다. 게다가 목적론은 원인론을 포용할 수 있다. 이런 철학적 배경은 여기에서 뿐만 아니라, 앞으로, 가령 작정을 다루는 데서 바빙크에게 족쇄로 작용할 것이다.

물론 바빙크가 항상 철학적 울타리 안에만 있었던 것은 아니다. 하나님의 고유한 이름을 다룰 때에는 셈어를 공부한 그의 강점이 나타나면서 철학적 영향은 사라진다. 가령, 그는 '존재자'와 '야웨'를 동일시 한 필로의 주장을 거부한다. '야웨'라는 이름은 은혜 가운데서 영원토록 신실하신 분이라는 성경적인 입장을 고수하기 때문이다. 그럼에도 바빙크는 살아계신 삼위 하나님의 존재와 무관하게 하나님의 본성을 말하는 사변에 빠지기도 한다. 즉 삼위일체 하나님을 아는 지식이 신지식에 근본적임에도 불구하고, 미리 다른 속성들에서 얻은 지식에 삼위 하나님에 대한 지식을 후차적으로 부가시키는 실수를 범하고 있는 것이다. 이처럼, 그의 신론은 철학적 영향과 사변의 흔적을 지니고 있다.

하나님의 자존성을 다룰 때에도 그는 존재와 생성의 구도에서 접근한다. 이미 언급한 대로, 자존성은 하나님의 절대적인 존재성에서 나온다고 본다. 존재와 생성의 구분으로 절대적 존재와 상대적 존재인 피조물은 구분된다. 하나님은 불변적일 수밖에 없고, 신 개념(神槪念) 자체가 불변성을 동반한다는 것이다. 그렇다면, 구속사에 나오는 하나님의 가변적인 사역은 어떻게 설명해야 할까? 그는 하나님께서 불변성을 유지하시면서, 동시에 다양한 관계로써 피조물과 교류하실 수 있다는 정도로 답변한다. 영원도 시간계 내의 생성과는 구분

된다. 하나님은 자기의 영원성을 가지고서 촌각(寸刻)까지 담당한다. 영원성은 시간에 대해서는 부동하다는 의미이다. 그러므로 영원은 과거와 미래가 없는 영원한 현재라는 뜻을 담게 된다. 바빙크는 하나님의 임재를 말하는 하나님의 불측정성에는 등급이 있다고 말한다. 하나님은 그리스도 안에서는 연합된 상태로 임재하며, 피조물에서는 각각 본성적으로, 의로, 은혜와 영광으로 임재한다. 이것은 또한 생성으로 말미암은 피조물의 다수성과 대비되는 하나님 본질의 일체성을 말해준다. 바빙크는 필로의 신적 본질의 일체성이 추상의 산물이라고 비판하지만, 자신의 일체성 이해에서도 여전히 추상의 흔적을 지니고 있다. 영성은 잠재력과 이 잠재력의 실현인 행동의 결합이지만, 하나님께는 이런 결합이 없다. 신(新) 플라톤적 신비주의의 영향을 통해 하나님을 본질적으로 볼 수 있다는 입장은 계시의 필수성을 훼손한다. 그래서 바빙크는 하나님의 불가시성(不可視性)을 말하는 것이다. 영광의 상태에서도 오직 계시를 통해서만 하나님과 교류할 수 있을 것이라고 바빙크는 말한다. 이점에서 종교개혁 측은 로마 가톨릭이 가르치던 신격화를 거부한다. 바빙크는 성경이 말하는 대로 하나님으로부터 출발하여 하나님께 도달하겠다고 선언하였지만, 그의 신론은 이처럼 계시 외적인 영향에 빠지고 마는 아쉬움을 남긴다.

지금까지는 존재와 생성이 기준이었다면, 빛과 거룩하신 분으로서의 하나님의 속성을 이야기할 때에는 이데아론에 근거한다. 이데아는 객관적이며, 다양한 만물에 질서를 준다. 이데아는 하나님의 의식에 있으며, 그의 의지로써 구현된다. 하나님의 이성적 의식의 속성은 빛에서, 의지의 속성은 거룩함에서 다룬다. 여기에서도 원형과 모사의 관계가 나온다. 이성적 속성의 구분은 본성적 지식과 자유의 지식을 참고한다. 하나님께서는 자기의 속성을 올바르게 계시하기 위해 다양한 이데아를 합목적적으로 선정하셨다. 하나님의 자유로운 지식은 피조물을 통하여 자기 본성을 전개하려 한 이데아이다. 그러나 바빙크의 이런 주장에는 위험이 도사리고 있다. 너무 인간적으로 하나님의 지식에 접근하다보니, 결국 본질적인 지식과 자유의 지식 간에 괴리를 상정하고 만 것이다. 또한 원형적인 지식이 아닌, 부분적인 지식만을 실현 가능한 것으로 보는 것은 라이프니츠의 단자론을 연상시킨다. 지혜의 속성도 마찬가지이다. 구현될 이데아의 인도를 받는 것이 지혜이다. 이 일을 신실하게 진행시키는 것이 하나님의 신실성이다. 이 또한 아주 인간적이다. 바빙크는 성경적인 속성 이해와 철학적이고 중세 신학적인 사변적 속성 이해를 서로 엮고 있는 것이다. 여기에서 발생하는 긴장으로 말미암아 그의 속성론은 아주 흥미롭게 전개된다. 그렇지만 온전히 성경적인 속성 이해를 위해 그의 속성론은 정화되어야 할 요소를 많이 안고 있다.

바빙크 또한 스스로 이런 위험을 어느 정도는 알고 있었다. 그에 의하면, 요한과 필로의 로고스 이해는 근본적으로 다르다. 이레네우스는 로고스가 세계의 이념인 것을 논박하였고, 터툴리아누스는 로고스 사변을 '자성(子性, 아들됨)'으로 바꾸어버림으로써 본체론적 삼위론이 우주론적 사변에 빠지는 것을 극복하는 계기를 마련해 주었다. 삼위일체론의 근본은 하나님의 본성의 일체성이 세 위격을 무력화시키지 않으며, 삼위성이 본질의 일체성을 제거하지 않음에 있다. 본성은 위격들과는 무관하게 존재하는 추상적인 개념이 아니라 삼위 안에 있으며, 위격들은 서로 구별될 뿐이지 분리될 수는 없기 때문이다. 하나님의 본질은 부성과 자성과 영성으로 이루어진다. 비공유적인 속성은 각 위(位)에만 해당하는 독특성이다. 그런데도 그는 본질의 일체성과 뿌리가 성부의 위격에 있다고 본 헬라 교부들보다는 일체성을 신성에다 둔 아우구스티누스를 더 선호하는데, 이것은 사실 아쉬움을 남기는 부분이다. 바빙크가 하나님의 본질은 삼위 안에 있다는 성경적인 입장을 표방하고도, 다시 동서방 삼위일체론이 지닌 한계에 빠진 것은 정말 안타까운 일이 아닐 수 없다.

그는 삼위의 흔적에 대해서는 다만 후천적인 접근만을 인정하려 하였다. 삼위일체론은 하나님을 살아계신 참된 하나님으로 알게 한다. 삼위일체론을 통해 이신론에 대해서는 하나님과 세상의 관련성을, 범신론에 대해서는 하나님과 세상의 구별을 견지할 수 있다. 마지막으로, 삼위일체론은 기독교의 생사가 걸려있는 교의이다. 이런 관심 때문에 삼위일체론은 끊임없이 발전하여 왔다. 삼위일체론은 "형이상학적 교리이거나 철학적 사변이 아니라, 기독교의 심장이요, 본질이다."[64] 교의의 헬라화를 말하면서, 교의, 특히 삼위일체론을 사변이라고 폄하하던 시절에 바빙크가 던진 변증이다.

하나님의 작정

바빙크는 하나님의 '작정론'을 '신론' 자체와 하나님의 '사역론'의 중간에서 다룬다. 작정으로 결정된 하나님의 생각은 하나님의 지식 전부는 아니다. 하나님께는 모든 것이 가능하지만, 모든 것이 다 구현되지는 않는다는 말이다. 또 작정은 영원하며, 하나님 안에는 전후가 없다. 그러므로 하나님의 작정은 작정하는 하나님과 동일하다는 명제를 의미한다. 즉 하나님의 주권적인 의지가 이 작정을 구현한다. 작정은 영원히

---

[64] II, 301쪽. 삼위일체론에서 기독교의 심장이 뛰며, 모든 이단은 따져보면 삼위론의 결함에서 기인한다(II, 255쪽).

활동하는 하나님의 뜻이며, 하나님 속에 영원토록 있으니, 그분의 본질과 일치한다. 작정의 전체 내용은 세계이념이다. 세계이념은 현실계의 원형적 원인이요, 그와 동시에 작동인(作動因)이다. 시간계 내의 만물은 다 영원계의 형상(모상)이며, 존재하는 만물은 이념의 그림자이다. 따라서 만물은 하나님의 본질이 반영된 것이라 할 수 있겠다. 그래서 바빙크는 '하나님은 그의 본질에 있어 만물의 모형'이라는 토마스의 말을 긍정적으로 인용한다. 게다가, 존재하는 만물은 하나님의 작정을 따라 존재하기 때문에, 작정은 만물의 모태라 부를 수 있다. 작정은 본질상 단일하지만, 시간계 안에서는 다양하게 나타나기 때문에 복수적인 작정을 말할 수도 있다. 또 작정은 간헐적으로 등장하는 초월적인 힘이 아니라, 시공간 안에서 영속적으로 내재하는 영원한 이데아이다. 그러므로 하나님의 생각인 작정은 만물에 선행한다. 바빙크가 철학적 로고스론과 세계이념사상의 위험을 알고 있으면서도, 이런 이론들을 배제하고 성경적인 이해를 제시하지 못한 것은 애석한 일이다.

바빙크는 작정론에서 당시에 문제가 되고 있던 '후택설'과 '전택설'에 많은 부분을 할애한다. 이는 개혁신학에서만 알려졌던 논쟁으로, '영원한 작정' 중에 타락을 중심으로 하여 선택과 유기(遺棄=버림)가 뒤에 온다는 주장이 후택설이요, 앞에 온다는 주장이 전택설이다. 후택설은 선택과 유기를 타락한 세상에 연관시키면서, 하나님이 죄인들에게 나타내시는 자비와 의의 속성을 부각시킨다. 그렇게 되면 하나님의 작정은 창조와 타락, 그리고 선택과 유기의 역사적 순서로 나타나며, 상호 원인론적으로 관계를 맺는다. 후택설은 점잖은 표현을 쓰지만, 사실 예정을 예지로 약화시킬 약점을 지니고 있다. 이에 반해, 전택설은 심지어 죄의 문제에서조차도 하나님의 주권을 강조하면서, 영적 피조물의 마지막 목적인 영생이나 영사를 겨냥하여, 이전 작정은 이를 실현하기 위해 필연적으로 전제된다고 보는 목적론적 순서를 취한다. 그렇기 때문에 선택되고 유기당할 인간들은 작정 속에서 타락하고, 범죄해야 하는 존재로 보는 이념적 성격을 지닌다. 전택설은 논리적인 일관성을 지니고 있지만, 하나님을 죄의 원인으로까지 만들 위험을 안고 있다. 두 입장의 공통점은 선택의 원인으로 자유의지나, 신앙이라거나, 유기의 원인으로 죄를 지목하지 않으며, 결국 하나님의 주권적인 뜻에 기초하고 있다.

바빙크가 이 문제를 다루는 방식은 그의 성격과 신학과 사역 태도를 전형적으로 드러낸다. 그에 의하면, 신앙과 회개로부터 점차 선택으로 올라가는 분석적이고 후천적인 순서는 루터파나 로마 가톨릭이 취한 태도이다. 개혁파들은 대부분 선택으로부터 신앙과 회개를 연역하는 종합적이고 선험적인 예정론을 받아들인다. 바빙크 자신도 후자를 취하는데, 개혁파 예정론은 인간론적이거나 구원론적이지 않고 신학적이기 때문이다. 그러나 그는 양자의 이점을 모두 살려 개별적인 순서를 종합하기 위해 작정을 세계이념으로 설명하면서 유기적(有機的)인 순서를 도입한다. 결국 세계이념을 신비적 그리스도로 보면서 부분이 아니라 전체를 조망하는 순서로 해결을 시도하고 있는 것이다. 하나님은 창조 시에 이미 그리스도를 예상하셨다는 동일한 표현을 가지고 바빙크는 후택설과 전택설의 통합을 시도한다. 이것은 나중에 보겠지만, 역사적인 은혜언약과 영원한 평화언약을 동일시하면서 때로는 역사적인 언약이라는 입장에서, 때로는 평화언약의 관점에서 말하는 방식을 취한다. 바빙크는 이 논쟁을 정리하면서, 개혁파의 우위성을 지적하고, 양 입장은 서로 공존할 수 있다는 결론을 내린다. 이를 통해서도 화평을 추구하는 그의 성격을 그대로 드러내고 있으며, 이러한 입장은 합동개혁교회의 화평을 추구하는 방식으로 전개되었다.

바빙크는 성경에서 유기(遺棄)가 영원작정이 아니라, 대체로 하나님의 역사적인 사역으로 나온다고 말한다. 다만 역사 속에 나타나는 인간의 강퍅이 하나님의 적극적인 사역인 유기와 무관하지 않다. 그런데 개혁신학은 아우구스티누스와 마찬가지로 제이 원인에 머물지 않고, 제일 원인인 하나님의 뜻에까지 추적하며, 그렇기에 바빙크는 펠라기우스주의가 주장하는 첫 은혜로의, 유효한 은혜로의 그리고 영광에로의 예정을 강하게 거부한다. 사실 펠라기우스주의는 기독교 자체를 파괴하는 주장이다. 비록 유기의 작정이 거칠게 들릴 수 있지만, 개혁파는 사실과 그 원인에 정직할 뿐이다. "펠라기우스주의는 무덤에 꽃을 뿌리면서 죽음을 천사로 미화하고, 죄를 약함으로 곡해하고, 불운의 유익에 대한 논설을 쓰고, 이 세상이 가장 좋은 세상이라고 주장한다. 칼빈주의는 그런 피상적인 요설과 수다를 무시한다. 눈을 가렸던 수건을 벗어던짐으로써 가상의 세계에서 벗어나 삶의 실상을 그대로 받아들이며, 야웨의 권리를 위하여 투쟁하고, 전능하신 하나님의 불가해하나 주권적인 의지를 겸손하게 경배한다."[65] 바빙크는 이처럼 나이가 들수록 점점 아우구스티누스의 추종자가 된다고 고백한다. 개혁파는 하나님의 주권을 강조하여 거친 발언을 할 때가 있지만, 그럼에도 될 수 있는 한 신중하고 온화한 표현을 선호함으로써, 호기심에 이끌리는 망령된 탐색을 거부하였다고 바빙크는 말한다. 즉 '유기'는 '선택'과 같은 의미에서 '하나님의 작정'은 아니라는 것이다. 나아가 하나님과 죄의 관계는 인간적인 사색으로는 규명할 수 없다고 말한다. 그는 죄가 유기를 강요하는 원인은 아니라고 선언한다. 만약 그

---

[65] II, 357쪽.

렇다면, 하나님은 만인을 다 유기시켜야 하셨기 때문이다. 죄는 다만 유기를 선언하기에 충분한 원인이며, 영원한 징벌에 처해도 마땅한 원인이다. 이는 상당히 전택설적인 발언이다. 유기 자체가 죄와 직결되어 있다는 말이다. 그리고 유기작정은 인간의 죄책을 통하여 실현된다. 작정은 모든 원인과 결과를 포함하고 있기에, 하나님과 죄와의 관계는 이 인과성에 의하면, 피할 수 없는 난제이다. 그는 이 문제만큼은 인과성에서 접근하지 않음으로써 논리적 일관성을 스스로 깨고 있다. 그렇다면 결국 예정은 선택으로 귀결된다. 즉 선택에서 예정은 그 목적을 달성하고, 완전하게 구현되는 것이다.

바빙크는 하나님의 사랑이 선택작정의 '작동원인'이며, 그리스도는 구원의 '공로원인'이라고 부른다. 그리스도는 택함을 입은 자들의 중보자요, 머리이다. 교중(敎衆)과 그리스도는 하나의 작정에 포함되어 있는데, 다만 논리적으로 교중은 그리스도 안에서 선택되었다고 말할 수 있다. 그는 그리스도와 교중이 함께 선택된 사실을 '신비적 그리스도'라는 용어로 표현한다. 그리스도가 하나님의 사랑을 촉발하지 않고, 도리어 하나님의 사랑이 그리스도의 파송에 선행한다. 이것은 하나님이 외부의 여하한 영향도 받지 않는다는 입장에서 나왔다. 작정은 영원한 작정임에도 불구하고, 그는 이곳에서 순서를 말하는 실수를 범한다. 창조와 타락, 죄와 은혜, 아담과 그리스도는 각각 하나님의 영광을 위한 건물을 짓는 데 중요한 역할을 한다고 말하며, 이러한 관점에서 타락과 죄 등 풀지 못할 난제들을 목적론적으로 조명한다. 그는 이중예정을 받아들이면서도, 하나님을 죄의 원인자로 만들지는 않으려는 고육지책을 펼치지만, 끝까지 일관된 해명에 집착하지는 않는다. 그렇지만 그는 작정의 순서나 구성 요소에 대해 말함으로써 인간의 사고와 표현의 한계에까지 간다. 로고스론이나 세계이념론과 같은 철학적 틀을 가지고 예정론에 접근하다 보니, 논리적 해명을 끝까지 추적하는 사이에, 신학이 송영이라는 사실을 망각하고 마는 것이다. 개혁파는 사물의 본질과 이유까지 추적하려 하는데, 이러한 특징을 지닌 개혁파 원리의 유익이 무엇인지는 두고 볼 일이다.

창조

바빙크는 창조론과 인간론에서 또다시 펠라기우스주의와 대결한다. 또한 진화론과 최신 지질학과도 대결한다. 여기에서도 여전히 그의 관점은 이데아론이다. 하나님은 작정을 창조로 구현하시는데, 창조는 모든 계시의 시작이요, 근거이다. 세계의 존재 이전에는 비존재가 있었으니, 하나님의 창조는 무로부터의 창조이다. 바빙크는 「골로새서」 1장 등을 인용하면서 그리스도가 창조론에서 중심, 즉 창조의 중보자가 되며 세계이념은 창조에서 구체화된다고 말한다. 이로써 그리스도는 단순히 구원론적인 의미뿐만 아니라, 우주적 의미도 지니게 되는 것이다. 성부는 성자의 출생으로 자기를 성자에게 주셨는데, 창조에서는 이보다 약하고 옅은 모양으로 하나님이 자기를 피조물에게 주었다. 성부는 모든 생각을 인격적인 말씀(성자) 안에서 발하셨다. 그러므로 세계이념은 로고스 안에 들어있다. 로고스는 조성된 모형이 아니라, 조성될 만물의 원형이다. 이 때문에 성자는 창조의 모형적 원인이며, 동시에 창조의 목적원인이기도 하다. 성자가 이데아와 관련하여 창조의 원인이라고 한다면, 성령님의 나아오심은 성자 안에 있는 모든 것의 집행을 촉진할 것이다. 이처럼 창조는 삼위 하나님의 공동사역임을 바빙크는 밝히고 있다. 삼위 하나님의 본체론적 일체성은 모든 사역이 고유하고 불가분리적임을 수반한다. 역으로 창조의 삼위적인 성격을 부인하는 것은 삼위일체론을 왜곡한다는 주장이다. 그러나 성육신과 창조를 유비적으로 바라보는 것은 신성의 수여를 양적으로 보게 되는 심각한 문제를 내포하고 있다.

19세기에 살았고 활동했던 바빙크는 자연과학의 발전에 주목하고 신앙적 변증을 시도하였다. 영적인 세계의 창조를 다루면서, 그는 천사는 하나님의 형상이 아니라고 말하였다. 옳은 주장이다. 그리고 물질계의 창조를 다루면서, 「창세기」의 기록이 이방인들 가운데서는 변질되었지만, 이스라엘 중에서 순전하게 보존되었다고 말한다. 우주의 발생에 대한 여러 학설들에 대해 의문을 제기한 바빙크는 지질학적인 발견에 대해서도 깊은 관심을 기울였다. 이러한 접근 또한 우주의 발생과 순서를 중요하게 여기기에, 계시와 학문은 서로 충돌하게 된다. 이와 관련하여 바빙크는 이상론, 회복론, 조화론과 반지질학 이론 등을 소개한다. 이 이론들은 모두, 성경은 학문이 아니라 일상 경험의 언어로 쓰여졌다는 데에 동의한다. 성경은 창조기사를 지구와 인간 중심으로 기록하였고, 따라서 지질학 등의 학문에게 어떠한 훈수도 하지 않으며, 다만 계시와 신지식을 위한 책이라는 것이다. 성경이 말하는 천지의 창조는 신화가 아니며, 신앙을 요구하는 역사의 기록이다. 그러므로 신학은 거의 예외 없이 성경의 창조기사를 문자적으로 이해하려 한다. 따라서 성경과 신학은 지질학과 고생물학이 발견한 사실을 두려워할 필요가 전혀 없다는 것이 바빙크의 생각이다.

창조기사는 신화가 아니라 역사 기술이라는 입장에서 바빙크는 창조의 6일에 대해 다양한 견해를 개진한다. 그는 하루를 한 시대로 보기도 하고, 또는 특별한 우주적 날이라는 표현도 쓴다. 후기에는 시대로 보는 해석을 포기하고, 특별한

날, 또는 하나님의 근무 일자로 본다. 어느 경우도 창조 6일을 지질학적 시대와 동일시하지는 않았다. 어쨌든 그는 성경의 말씀과 당시의 자연과학적 발견을 동시에 존중하는 태도를 취하였다. 바빙크는 지질학의 발견 자체와 이에 대한 해석을 구분하였는데, 화석을 이용한 고생물학과 지질학에 대해서는 상당히 비판적인 입장을 가졌다. 왜냐하면 여기에는 진화론적인 전제가 깔려있기 때문이다.

하나님의 형상인 인간

인간론에서 바빙크는 진화론과 직접적으로 대결한다. 다윈의 저작과 명성이 19세기 중반 이후부터 관심을 끌었는데, 바빙크는 이 문제와 직면한 첫 세대였다. 그는 내재적 비판을 통해 이 이론이 생명과 인간의 발생을 해명할 수 없고, 인간의 영적 측면에 대해서도 해명이 불가능하다고 보았다. 진화론으로는 인간이 하나님의 형상임을 고수할 수 없다는 종교적 비판도 가한다. 자연과학이 진화론을 작업가설로 사용하는 것은 가능하다고 보았지만, 이것이 우주를 해명하기 위한 명제나 세계관으로 승격될 수는 없다고 보았다. 바빙크는 진화론이 인간의 고상한 발전을 염원하는 니체의 '초인'과 상당한 연관이 있다고 보았다. 진화론에는 죽음이 지닌 징벌의 성격이 아예 없다. 또 세계의 목적성을 부인한 채 지속적인 진화만이 있을 뿐이다. 결국 진화론은 성경적인 창조론 및 종말론과 충돌할 수밖에 없다. 바빙크는 창조론을 변호하기 위하여 근대 자연과학의 발전을 살피면서, 유물론적인 기초를 가지고 있는 진화론을 강하게 비판한다.

바빙크는 신(新) 토미즘을 긍정적으로 수용하지만, 로마 가톨릭의 인간론은 거부한다. 특히 선행(善行)의 공로성과 하나님을 본질적으로 볼 수 있다는 입장을 거부한다. 그는 자연과 은혜를 중심으로 한 로마 가톨릭의 인간관을 죄와 은혜의 관계로 교정한다. 로마 가톨릭은 하나님을 본질적으로 보는 영광의 상태(신격화), 즉 육체적으로 하나님의 본성에 참여하여 하나님과 혼연일체가 되는 것을 목표로 삼는다. 이러한 인간관은 선행의 공로성에서 발생하였는데, '부가 은사론'이 여기에서 나왔다. 그들에 의하면 자연 상태에 있는 인간은 죄가 없으며, 자연종교와 덕성을 통해 이 세상을 목적으로 삼는다. 그런데 하나님의 형상이라는 부가은혜가 인간에게 주어지면 그들은 초자연적인 종교와 덕성을 소유하게 되면서, 천국을 목적으로 삼게 되고, 이를 위하여 금욕에 집착하게 된다. 그리고 이런 배경에서 성직과 수도직을 높이는 중세의 위계적인 사회질서가 정착되었다. 하지만 이렇게 된다면 은혜는 죄로부터의 회복이 아니라, 신격화를 위한 동력으로 그 의미가 변질될 수밖에 없게 될 것이다. 또 죄와 무관한 성육신과 신격화가 중심에 서게 될 것이다. 이에 대해 종교개혁 측의 입장은, 성도들은 그리스도의 은덕(恩德)으로 말미암아 원리상 이미 이 땅에서 영광의 상태에 참여할 수 있다고 말한다. 바빙크 또한 영광의 상태는 우리 본성에 속하지 않았다는, 그래서 부가적이라고 보는 로마 가톨릭의 주장을 부인한다. 로마 가톨릭은 은혜를 윤리적인 의미가 아닌, 자연과의 대치 개념으로 이해한다.

  바빙크는 하나님의 형상을 인간이 창조된 분위기와 요소로 보는 오스트리아 빈대학교의 개혁신학자 뵐의 입장을 거부한다. 또한 로마 가톨릭의 입장, 즉 하나님의 법을 적극적으로 순종하는 원의(原義)를 소유한 첫 사람이 타락함으로써 부가적 은사를 상실하였으나, 여전히 하나님의 형상은 부패하지 않았다는 입장도 거부한다. 바로 여기에서 인간의 행위와 공로사상이 깃들기 때문이다. 개혁자들은 원의가 인간의 조건이며, 원의 없이는 인간됨 그 자체가 손상되었다고 보았다. 형상을 상실하여도 여전히 인간으로 불릴 수는 있지만, 이미 그는 본성의 도덕적 자질을 상실한 병자, 영적으로 죽은 인간, 곧 죄인에 불과하게 된다. 바빙크는 종교개혁 측의 입장을 따라 협의와 광의의 형상을 말한다. 타락 후에 인간은 광의로는 형상이지만, 협의로는 형상, 곧 도덕적 자질을 상실하였고 말한다. 원의의 상실은 광의의 형상과 전인(全人)에도 영향을 미치며, 그리스도의 은혜로만 전인의 회복이 가능하다. 그리고 이 회복은 자신뿐 아니라, 가정, 사회, 국가, 문화, 학문 등에도 큰 의미를 지닌다. 그의 형상론이 로마 가톨릭에서 진일보한 것은 사실이지만, 문제 또한 안고 있다. 신지식을 향한 잠재력과 경향처럼, 형상에서도 형상의 내용이 아니라 잠재력과 경향이 타락한 것이라고 말하였다면, 훨씬 더 나은 해결책이 나올 수 있었을 것이다. 그렇다면 죄인은 광의나 협의의 형상으로 나눌 필요 없이, 질적으로 하나님의 형상이 아니라는 결론을 얻을 수 있기 때문이다.

바빙크의 형상론에는 철학적인 요소도 상당히 많이 들어있다. 그는 상실된 협의의 형상을 다루기 전에 광의의 형상, 곧 혼의 본질이나 능력에 대해 철학적으로 논의한다. 그는 형상을 영혼에서 찾는다. 영혼은 인간의 영성에 기초한다고 보면서, 이른바 '영, 혼, 육'의 삼분설을 거부한다. 영과 혼은 동일 본질의 양면을 말한다. 인간은 영을 가졌는데, 이 영은 적당한 때에 혼으로 구성되기도 한다. 인간은 영으로 불가시계와 혼으로는 가시적인 물질계와 관계한다. 이런 주장으로 그는 헬라 철학의 인간관과 성경의 인간관을 조화시키려는 무리한 시도를 하고 있는 것이다. 「창세기」 2장 7절에 근거하여 생기(生氣)는 생명의 원리요, 살아있는 혼은 인간의 본질이라고 말한다. 그런데 이 불가시적인 부분을 때로는 영으로도 부른다. 영과 혼을 부당하게 전혀 다른 두 실체라 부르는 이들도 있다. 그러나 바빙크에게 있어 양자는 동일하지 않지만 유사하다. 인간은 혼으로서 이성적 동물이지만, 동시에 물리적이고 육체적인 활동의 주체이기도 하다. 영은 본체요 원리이며, 생명의 근원이다. 인간은 혼이지만 영을 가졌다. 그의 주장을 들어보면 때로는 혼란이 더 가중되기도 한다. 영은 혼 안에 있는 고차원적인 생명원리이며, 이 점에 있어 인간은 천사와 유사하다. 인간은 혼으로 인하여 물질계와 유관하지만, 혼이 동시에 영이기 때문에 불가시계와도 유관하다. 마음에 대해서 말하는 부분도 있다. 마음은 사람을 살게 하는 기관이며, 심리현상의 원천이다. 즉 의식과 욕망과 이성과 의지의 원천이요, 동력이다. 특히 『성경적 종교심리학』과 『심리학의 원리』에서 바빙크는 성경적 견해와 헬라철학의 인간관을 조화하려 했다. 물론 성경에서는 철학적 용어가 아닌 일상 언어를 사용한다. 하지만 때로는 혼, 영, 마음, 속사람 등의 용어도 나타난다. 성경은 인간이 산 혼이며, 혼이 죽을 수 있다고 말한다. 그렇다고 하더라도 죽음이 인간의 영원한 삶을 방해한다는 뜻은 아니다. 혼은 본질상 불사하며, 오직 육체만이 죽을 수 있다는 것은 헬라사상이지 성경의 교훈은 아니다. 생과 사는 전인에 해당한다. 이처럼 바빙크는 자신의 주장을 일관성 있게 지켜내지 못했으며, 헬라철학의 인간관과 구별되는 성경적 인간관을 제시하지도 못했다.

하나님과 인간을 원형-모사의 관계로 설명하면, 육체는 설명하기가 어려워진다. 하나님은 육체가 없기 때문이다. 그러나 바빙크는, 형상이란 세계에서 활동하는 것이라고 함으로써, 혼의 도구로 육체를 형상에다 포함시킨다. "인간은 천사와는 달리 육체적이며, 육체는 감옥이 아니라 본성에 속하고, 육체로서 인간은 우주와 결속되어 있다."[66] 바빙크는 이에 덧붙여 만물 지배나 낙원 거주에 대한 문제도 형상의 내용으로 밝혔는데, 이것은 행위언약에서 다루고 있다.

바빙크는 하나님의 형상론과 심리학적 인간론을 성경적으로 해명하고 난 뒤에 인간의 지향점이라 할 수 있는 언약을 다룬다. 여기에서도 그는 로마 가톨릭과 대결한다. 즉 선행의 공로를 통하여 하나님을 본질적으로 볼 수 있다는 주장을 반박하면서, 언약의 길을 통해 하나님의 은혜를 입는 영원한 복을 이야기한다. 「로마서」 5장이나 「고린도전서」 15장에 나오는 아담과 그리스도의 비교에서 언약이라는 용어는 없지만, 그 내용은 이미 낙원에 있었다는 것이다. 낙원언약을 행위언약이라 부르는 것은, 이 언약에서는 영생을 행위의 길, 즉 하

---

66) I, 197쪽; II, 39-40쪽.

나님의 계명을 준수함으로써 획득할 수 있었기 때문이다. 바빙크는 이러한 언약을 애호했던 개혁신학을 긍정적으로 바라보지만, 후기에 들어 스콜라주의적으로 세부적인 문제까지 다룬 것에 대해서는 비판적이었다. 언약론의 의미는 하나님이 인간을 책임적인 존재로 대우하신다는 점에 있다. 로마 가톨릭은 행위 자체를 근거로 삼아 공로를 말하지만, 종교개혁 측에서는 아담이 소망하였던 영원한 복은 오직 하나님의 값없이 주시는 결정으로 인해 가능하다고 보았다. 행위언약을 다루면서, 바빙크는 낙원에서 소유하였던 복을 최고의 영원한 복으로 보지 않았다. 그리스도는 자기 백성을 낙원상태로 되돌리신 것이 아니라, 아담이 타락하지 않았으면 소유하였을 영원한 복을 베푸신다. 따라서 개혁파는 낙원의 생명나무를 성례전적으로 행위언약의 표지로 보면서, 타락 전 흠이 없는 [無欠] 상태를 영광의 상태와 일치시키지는 않았다. 행위언약의 배경이 되는 발전사상은 인류의 발전에 대하여 뚜렷한 견해를 밝혀준다. 하나님의 형상은 비로소 전 인류를 통하여 완전하게 펼쳐진다. 개별자나 남자와 여자가 아니라, 전 인류가 완전히 펼쳐진 하나님의 형상이요, 하나님의 아들이요, 하나님의 족속이다. 이런 식의 형상론은 카이퍼에게서도 볼 수 있다.

창조설과 유전설을 언급하면서 바빙크는 신중해야 한다고

말한다. 유전설을 고수하면 유물론에 빠지기에, 이를 피하기 위해서는 결국 다시 창조설을 수용해야 한다는 입장이다. 태아는 언제부터 인간이라 부를 수 있을까? 이는 성경에서 말하지 않았고, 과학에서도 판단할 수 없고, 신학에서조차도 말하기 힘든 은폐된 문제이다. 창조설이나 유전설에서도 말하기 어렵다. 그러나 창조설은 은폐성을 건드리지 않으며, 어떤 해명도 시도하지 않기에 선호할 수 있다고 본다. 그러면서도, 그는 창조설을 유전설에 가능하면 근접시키려고 한다. 이 또한 대치하는 두 견해를 조화시키려고 애쓰는 그의 성격을 드러낸 좋은 본보기이다.

8. 예수 그리스도

죄

바빙크는 '섭리'라는 말이 성경에 나오지 않기에, 이보다는 '보존'이나 '통치'라는 말을 더 선호한다. 그럼에도 섭리가 성경적 의도를 담을 수 있다는 생각에서 계속 사용하고 있으며, 대표적으로 하나님이 피조물과 관계를 가지시며, 다양한 사역 중에서도 여상하게 계신다는 사실에 이 말을 사용한다. 섭리에는 보존과 협력과 통치가 있다. 때로는 섭리를 '계속적 창조'라고도 부른다. 물론 창조는 존재를 있도록 하지만, 섭리는 그 존재를 보존하고 고수하는 특징이 있다. 비교적 후대에 등장했던 협력을 바빙크는 하나님의 임재라는 측면에서 접근하였다. 피조물은 하나님이 임재하고 침투하시는 정도에 따라 고등화된다. 하나님은 2차 원인을 작동시키고 움직이게 하는

1차 원인이시지만, 그럼에도 2차 원인도 분명한 원인이다. 하나님은 선행(先行)사역으로 2차 원인을 사역시키고, 동행사역으로 그들의 행위를 인도하신다. 그러면 그들은 나무나 돌이 아니라, 살아있는 원인자가 되는 것이다.

이런 원인론적 섭리 이해가 성공하였는지는 의문이다. 하나님이 왕이시라는 것은, 하나님이 만물을 목적론적으로 인도하고 다스린다는 것을 잘 드러낸다. 죄에 관한 문제에 있어서는 '허용'이라는 말을 사용하는데, 이 말은 하나님이 피동적이지 않고, 주권적으로 관여하신다는 능동적 의미를 지닌다. 이방인들은 섭리를 알지 못하고 우연과 운명 사이를 오갔다. 그러면서도 섭리신앙은 자연과 역사에 나타난 하나님의 계시로 만인에게 알려지는 혼합교리라는 주장도 편다. 즉 섭리신앙은 자연신학의 한 조항이거나 구원신앙이 후에 기계적으로 부가된 것이 아니라는 리츨의 말에 동의한다. 자연에 나타난 계시일 뿐 아니라, 언약과 약속에 근거한 신앙고백이 섭리신앙이라는 것이다. 그러나 바빙크는 일관성을 유지하지 못하고 있다. 앞의 주장은 불신자들이 자연으로부터 알 수 있는 바는 본래적인 자연신학의 변질이라고 비판한 것과 충돌하기 때문이다.

바빙크는 악을 가장 큰 수수께끼이며, 이성이 져야 할 가장 무거운 십자가라고 본다. 「창세기」 3장을 수용하지 않는 사상가들도 타락을 빼고서는 이 세계를 해명할 수 없다는 것을 인정하였다고 말한다. 변증적인 태도를 취하는 바빙크로서는 너무나 낙관적인 발언이다. 도대체 계시의 의미가 무엇인지 혼란스럽게 만드는 발언인 것이다. 물론, 바빙크는 「창세기」 3장의 사건이 신화적이거나 알레고리가 아닌 역사적인 사건임을 고수한다. 뱀은 실제적인 뱀이었으며, 창조와 타락의 사건 또한 실제적인 사건들이었다. 진화론을 철저하게 유물론적이고 기계론적으로 이해한다면, 도덕이나 죄, 덕목이 설자리가 없게 된다. 선악도 결국은 설탕과 같은 화학적인 물질로 전락하고 말 것이기 때문이다. 펠라기우스의 자유의지론도 인간을 본유적인 동물적 본성과 투쟁하게 하는 진화론과 맥을 같이 한다. 바빙크는 또한 본성에서 죄를 해명하려는 영지주의를 비판하였다. 감각 자체는 죄가 될 수 없으며, 죄의 원천이나 원리 또한 아니며, 다만 죄의 거점과 도구일 뿐이라는 말이다. 하나님도 죄의 원인자가 아니다. 비록, 하나님이 죄를 '어떤 점에서'는 원하실지도 모르지만, 그때에도 선과 같은 대등한 차원으로 원하시지는 않았다. 하나님은 선을 기뻐하시며, 악은 미워하신다. 하나님은 죄에 있어서는 작용인이 아니라, 기껏해야 결여된 원인이 되실 뿐이다. 적극적 원인은 인간에게 있다. 하나님은 부정적으로는 죄를 참으시고, 죄의 목적하는 바가 성취되도록 허용하신다. 다만 하나님은 죄의 가능성을 허용하셨고, 천사와 인간이 타락할 수 있는 가능성의 여지를 남겨주신 것이다. 물론 이 가능성이 실현되느냐는 비밀이다. 죄는 하나님의 작정과 관련하여 있을 수밖에 없지만, 있어서는 안 되는 것이었다. 바빙크는 죄의 원인을 설명하면서 논리적 일관성을 유지하지 않았다. 제일 원인자인 하나님이 죄의 작용인도 되어야 하지만, 그는 이를 뛰어 넘어 목적론적으로만 문제를 해결하려는 모순을 스스로 인정하고 있는 것이다.

원죄론은 교의학에서 가장 어려운 주제에 속하지만, 바빙크는 단지 성경의 증거와 죄의 증거에 대해서만 말한다. 아우구스티누스와 개혁자들을 따라 바빙크는 죄를 선의 적극적인 결여라고 부른다. 그는 원죄를 원(原)죄과와 원(原)오염으로 구분한다. 문제는 죄의 전가를 실재론으로 볼 것이냐 언약론으로 볼 것이냐에 있다. 원죄과 문제에 있어서, 그는 실재론을 더 중시한다. 즉 모든 인간은 아담의 허리에 있고, 그곳에서 나왔기 때문에 어떤 의미에서 우리 모두는 그 한 사람이고, 그의 의지의 선택과 행위는 모든 후손들의 것이기도 하다는 주장이다. 그러나 바빙크는 이러한 실재론의 한계를 인정하고 언약의 머리인 아담에 주목한다. 그는 물리적인 일체성과 아울러 하나님의 언약에 대한 규정을 들어 실재론과 언약론의 조화를 시도한다. 원오염은 원죄과의 결과이며, 인간은 모두 아담 안에서 죄인이기 때문에 그 상태에서 태어난다는 것이다.

바빙크는 죄의 유전을 매우 자세하게 다룬다. 유전학은 그의 시대에 막 발견된 분야였다. 그는 유전학의 도움을 받을 수 있었지만, 인간의 죄성을 정죄하고 그 부패를 측량하는 기준은 오직 하나님의 법이기에 이곳에서 답을 찾으려 하였다. '결여'로는 죄의 규명이 불충분하며, 이에 대신하여 바빙크는 '실질적 결여'를 제시한다. 즉 죄는 스스로 창조하지도 못하고 파괴하지도 못하며, 변하는 것은 본질이나 내용이 아니라, 죄가 나타나는 형식, 곧 방향이라는 주장이다. 여기에서 표현된 내용과 형식이라는 용어도 스콜라 신학에서 차용한 것이다. 인간은 죄를 통해서는 본질적인 것, 즉 능력이나 힘을 상실당하지 않은 채, 다만 손상될 뿐이다. 마치 신체의 본질을 훼손함이 없이 병들게 하는 질병과 같이, 죄는 구체적인 상태나 행동을 더럽게 하는 왜곡된 형식일 따름이다. 심리학적으로 보면 죄는 의지에 거한다. 여기서 의지란 의욕능력을 가리키며, 죄는 의지뿐 아니라 인식능력까지도 손상시킨다. 죄에 대한 바빙크의 이러한 설명에도 불구하고, 죄는 여전히 정의내릴 수 없는 어두운 세력이요, 이해나 해명할 수 없는 수수께끼로 남는다. 다만 하나님께서 죄를 자기의 영광에 봉사하도록 조종하셨다는 것만을 확신할 뿐이다. 하나님은 죄의 본성에도 불구하고 자기의 전능으로 자기의 영광이 나타나게 하신다고 바빙크는 주장하며, 이것은 상당히 전택설적인 입장이다.

은혜언약

바빙크는 죄의 징벌을 하나님의 보복으로 보았다. 죄과는 법대로 죄인에게 죄를 묻고 벌을 받게 한다. 물론 하나님은 완전한 징벌을 당장 시행하지는 않았다. 이것은 하나님이 인간에게 다른 계획이 있다는 것을 보여준다. 하나님은 오래 참으심과 은혜로 인류를 보전하셨다. 타락한 세계는 전적으로 진노 아래에 있는 것도 아니요, 그렇다고 전적으로 은혜 아래에 있는 것도 아니다. 물론 진노의 원리는 온 창조에 나타나며 고난도 죄의 결과이다. 모든 피조물이 인간의 타락에 참여하기에, 죽음은 자연적인 현상으로 보아서는 안 된다. "죄의 삯은 사망"이라는 성경의 교훈을 과학으로는 증명할 수 없지만, 그렇다고 부정할 수도 없다. 자연스러운 현상으로 볼 수 없는 죽음은 그리스도 밖에 있는 인류 모두를 지배하고 있는 힘이다. 하나님과 인간의 분리는 영적 죽음으로 나타나며, 이는 육적 죽음으로 진전되고, 나아가 영원한 죽음에 도달한다.

개혁파 신학에는 형상의 상실, 행위언약의 파기, 이방인의 덕성과 세속적 통치권 등 칼빈이 주창한 일반 은혜론이 있다. 카이퍼와는 달리 바빙크에게도 방대하지는 않지만, 확고한 일반 은혜론이 있으며, 『성경적 종교심리학』에서는 일반 은혜를 '개혁신학의 특징'이라 부르기도 하였다. 하나님은 타락한 죄인을 내면적으로는 갱신시키지 않지만, 외면적으로는 억제하고 통제하는 은혜를 주셨다. 하나님의 관용과 오래 참으심으로 인해, 타락한 인간에게서도 선하고 참된 것이 있다. 칼빈은 이방인들의 본유적인 재능들을 높이 평가하였다. 특별 계시는 이스라엘로부터 나와 일반 계시로 보존된 이방인에게도 넓게 전파되었다. 가정에 대한 사랑, 사회적이고 국가적인 체제, 문화와 학문 등은 그 자체로도 하나님의 기쁨의 대상이며, 하나님은 이런 일에서도 기뻐하신다. 그러나 일반 은혜는 죄를 억제하기는 하지만 변화시키거나 극복하는 힘을 갖고 있지는 못한다. 그리스도가 오셔야 한다. 그리스도의 은혜에 근거하여 창조와 재창조를 구분해야 한다. 가정, 사회, 국가는 창조의 산물이요 일반 은혜의 덕에 존속한다. 이것들의 권리는 그리스도가 아니라, 하나님의 은혜에 의거한다. 즉 가정과 사회와 국가의 주권은 하나님으로부터 임한 것이다. 창조의 산물과 재창조의 산물, 그리고 각각에서 나타나는 하나님의 사역과 속성을 나누는 것이 얼마나 합당한가? 이러한 어려움은 하나님의 형상에 대한 이해에서도 계속된다. 일반 은혜는 불의한 파괴적인 세력에 대항하면서 타락한 후에도 형상의 잔존부분을 유지케 하고 강화시키는 역할을 담당한다. 물론 타락한 후에도 인간은 인간이고, 여전히 이성적 존재이다. 비록 바빙크가 본유적 신 개념을 거부하였다고 하지만, 광의의 형상의 잔존을 통해 종교적인 능력은 보존되었다고 본다. 이와 같이 광의의 형상에다 내용을 부여하려는 위험은 여전히 남아있으며, 그가 로마 가톨릭에 근원적인 단절을 선언했지만, 여기서는 오히려 로마 가톨릭의 해법을 따르고 있음을 확인할 수 있다.

언약론을 다루면서 바빙크는 평화언약도 함께 다루며, 삼위간의 관계가 여기서는 언약으로 이해된다. 평화언약은 신적 본성 내에 있는 삼위간의 관계와 삶을 언약적인 삶으로 이해한다. 이 언약을 통해 삼위 하나님은 구원의 모든 사역을 구상하고, 결정하고, 집행하며, 완성시킨다. 삼위간의 평화언약에 있어 시간계에서 계시된 것이 은혜언약이다. 행위언약이 인간의 의지에 달려있어 불안정했던 반면에, 은혜언약은 그리스도에게 달려있기에 폐기될 수 없다. 이 언약을 체결한 그리스도는 포섭되는 모든 자들에게 언약의 성취를 보증한다. 개혁파는 언약의 조건을 거론하기도 했는데, 후에는 로마 가톨릭이나 루터파와 항변파의 입장에 근접하기 때문에 이 말을 피하였다. 영국에서는 평화언약과 은혜언약을 동일시하였지만 그래도 나름의 차이가 있다. 은혜언약과 이의 공포인 복음에는 요구도 없고 조건도 없다. 하나님이 스스로 요구한 것을 스스로 주시기 때문이다. 아무리 조건이 없어도 은혜언약은 인간을 이성적이고 도덕적인 본성에서 인식하기 위해 그리스도 안에서 요구하는 조건적인 형태를 취한다. 여기에 언약과 선택의 차이가 있다. 선택은 개인들을 주목하며, 선택받은 사람들이 개별적으로 중생받고 천국에 들어가게 한다. 그러나 은혜언약은 단지 성도들뿐만이 아니라, 그들의 환경까지 포섭한다. 그러므로 창조질서에 종속되며, 창조를 모두 포함하는 그리스도로 인하여 새로운 인류를 구성한다. 여기에는 내적으로 변하지도 않고, 신앙을 갖지도 않으며, 영적인 은덕에도 참여하지 않는 자들도 포함된다. 언약에는 내적 언약과 외적 언약이 있으며, 언약과 언약의 집행이 있고, 절대적 언약과 조건적 언약이 있다. 바빙크는 평화언약을 삼위의 언약이라 하다가 다른 곳에서는 이를 은혜언약과 동일시한다. 그럴 경우 은혜언약이 요구하는 이성적이고 도덕적인 인간의 본성과 책임은 평화언약에서는 찾을 수 없다는 점에서 문제점으로 지목되고 있다.

『하나님의 크신 일들』에서 바빙크는 선택을 따로 다루지 않고, 은혜언약 안에서 다룬다. 평화언약은 작정으로서 하나님의 영원사역이며, 따라서 시간계에서 이루어지는 구원의 원리와 원동력이요 보증이다. 선택은 은혜언약의 기초요 핵심이며, 평화언약의 가장 중요한 첫 부분이다. 이 언약에는 선택을 실현시키고 구원을 획득하고 적응할 모든 계획이 들어있다. 이렇게 되면 예정의 순서는 선택, 평화언약, 은혜언약이 된다. 이미 언급한 대로 은혜언약은 인간의 본성을 고려한다. 평화언약과 그리스도로 인해 무조건적이라는 은혜언약에 조건이 등장한다. 이것은 언약에서 선택을 취급함으로써 수반되는 문제이다. 평화언약의 서두가 선택이며 그리스도가 모든 인간을 대신하여 체결한다. 바빙크는 평화언약의 불충분함을 극복하기 위해 영원에서 체결된 삼위 하나님 간의 언약과 시간계에서 하나님과 인간 사이에 체결된 언약을 일치시키려는 그릇된 시도를 하고 있으며, 이로 인해 계속적으로 문제가 발생한다. 그가 스코트랜드 교회의 언약론의 전통을 따르고 있기 때문이다.

예수 그리스도

19세기에는 하르낙을 필두로 예수 그리스도의 양성을 부인하는 풍조가 강했다. 칼세돈은 기독론 발전의 울타리를 정했는데, 이 울타리 안에는 상당한 차이가 상존하고 있다. 로마 가톨릭과 루터파는 그리스도의 인성을 신격화했고, 개혁파는 그리스도의 낮아지심뿐 아니라, 높아지심에도 '유한자는 무한자를 포용할 수 없다'는 원리를 적용하였다. 개혁파에는 그리스도의 순수한 인간적인 발전과 단계적인 은사의 전달, 그리고 낮아지심과 높아지심의 본질적인 차이를 존중할 수 있는 여지가 있었다. 19세기 현대 신학에서는 양성론이 헬라교회와 신학에는 합당했으나, 현재는 종교적인 가치를 상실했다고 주장한다. 칸트, 피히테, 셸링 등은 역사적 그리스도와 이념적 그리스도를 분리한다. 슐라이어마허는 그리스도의 인격을 전면에 부각시키고, 리츨은 그리스도의 사역을 강조한다.

바빙크에게는 기독론이 교의학의 출발점이 아니라 중심점이다. 교의학의 심장인 기독론에는 기독교의 종교적이고 윤리적인 생명이 박동친다. 그는 먼저 성육신의 가능성을 해명한다. 첫 전제는 하나님이 자기를 다른 이에게 줄 수 있다는 하나님의 삼위일체론적인 본질이다. 개혁파에서 성자의 인격은 직접적으로, 그리고 그 안에 있는 하나님의 본질은 간접적으로 인성과 결합하였다고 가르친다. 둘째 전제는 하나님의 형상에 따른 인간의 창조이다. 이것은 이미 하나님이 인간에게 적응하신, 말하자면 하나님의 인간화이다. 셋째 전제는 계시 역사이다. 계시는 성육신과 같이, 하나님이 자기를 내외적으로 수교(修交)할 수 있다는 사상에 근거한다. 창조와 성육신은 밀접하게 관련되어 있다고 말하는데, 물론 전자에서 후자가 필연적으로 발생하는 것은 아니다. 그럼에도 죄로 인해 성육신이 필요했다. 다른 가능성은 없다. 하나님의 계획과 작정은 단일하며, 작정 이외의 다른 것은 없다. 마지막으로 그는 로마 가톨릭의 마리아 숭배를 단호하게 거부한다. 가톨릭에서 마리아는 수태될 때부터 죄가 없었다는 무흠수태설(1854)을 이미 교의화하였으니, 마리아 승천설이 교의화되는 것은 시간문제라고 예견하였다. 사실 마리아 승천설은 1950년에 교의화되었다. 바빙크는 그리스도의 무흠수태설을 통해 그리스도께서 행위언약에 포섭되지 않았음을 보장한다고 말한다. 그래서 그분은 원죄과에서 자유로우며, 인성을 따라 탄생하기 전이나 후에도 원부패로부터 보호받았다. 그렇다고 성령님으로 인한 잉태 자체가 무죄성의 근원적인 이유라고 말하는 것은 아니다. 이는 다만 새 언약의 머리로 임명된 그리스도가 인간적으로도 지존자의 아들로 머물 수 있는 유일한 길이었다.

그는 그리스도의 무인격적 속성에 대해 중요한 주장을 한다. 제 이위께서 인성과 연합하심은 성자의 위격이 비인격적인 인성과 결합함이었다. 그러므로 바빙크는 그리스도가 플라톤적 이데아인 인성을 보편적으로 취하였다고 보는 아타나시우스의 주장을 논박한다. 그럼에도 그리스도의 인성은 로고스와 연합함으로써 전 인류를 대표하였고, 이 연합을 미리 준비했기에 모든 인류의 중보자가 될 수 있다는 사변적인 발언도 한다. 그리스도의 중보직과 사역은 숭배의 대상이지만, 숭배의 기초는 오직 하나님이심(신성)이다.

바빙크는 성육신을 그리스도의 대속사역 자체가 아니라 이에 대한 준비로 보았다. 이점에서 그는 헬라 신학을 거부하고 안셀무스를 따른다. 안셀무스는 구속을 죽음과 사탄의 권세로부터의 해방이 아니라, 죄와 죄과로부터의 해방으로 보고, 성육신보다는 십자가를 더 강조한다. 이 노선에서 칼빈은 그리스도의 3직(선지자직, 제사장직과 왕직)을 발전시켰다. 3직은 수직적으로는 성부가 성자를 보내셨다는 것을 보여주며, 수평적으로는 그리스도의 사역을 구속역사적으로 보여주는 장점이 있다. 바빙크는 안셀무스의 속상론을 지속적으로 비판하는 견해가 사법적인 화해론을 버리고, 그리스도의 인격적이고 종교적이며 윤리적인 사역만을 채택하려 했다는 것에 초점이 맞춰져있다는 것을 알고 있었다. 즉 그리스도는 하나님이 아니라, 우리 속에서 도덕적인 변화를 이끌어 내신 분이라는 주장이다. 이에 대해 바빙크는 교회에서 그리스도의 대속적인 고난과 죽음의 고백이 살아있으며 신학도 이를 지지하고 있다면서, 당대의 현대 신학자들의 시도를 논박하였다.

화해는 먼저 하나님이 사랑으로 베푸신 것이다. 하나님의 사랑은 성육신을 요구하였고, 성육신은 하나님의 영광의 시위이기도 하다. 죄는 하나님의 영광을 거부하고 인간숭배에 빠졌다. 그러나 그리스도 안에서 하나님은 자기를 다시 계시하시고 주권을 회복하셨으며, 자기의 성품을 변증하며 자신의 이름을 거룩하게 하시며, 신성을 지키셨다. 구속의 사역에서 하나님은 무엇보다도 먼저 자기의 영광을 염두에 두셨다. 하나님의 사랑에 성자는 순종으로 화답하였다. 그리스도는 능동적이고 수동적인 순종을 통하여 구속사역을 완성하신 것이다. 그리스도의 대속적 고난은 오직 하나님의 전능하고 은혜로운 결정에 기초한다. 이에 대한 유비는 역사에서 도무지 찾을 수 없다. 이러한 하나님의 결정은 고립적인 의지의 결단이 아니라, 언약적인 성격을 지닌다. 대속은 이미 삼위 하나님의 평화언약에 그 뿌리를 두고 있다. 그리스도는 주체가 되어 하나님의 진노를 완화시키고 은혜를 얻기도 하지만, 하나님이 직접 주체가 되어 그리스도를 주심으로써 세상과 화해하기도 한다.

바빙크는 이러한 해명에도 불구하고, 양성론이나 대속론에서 우리의 신학적, 교의학적 사고가 충분하게 규명되었다고 여기지 않는다. 그리스도가 대속을 통해 우리와 취하신 관계는 너무 내밀하여서 어떤 표상이나 개념으로도 다 담아낼 수 없기 때문이다. 나아가 그는 대속사역을 우주적으로 보려 한다. 전 세계와 인류의 재창조는 그리스도의 사역의 열매이다. 그리스도의 사역은 그를 믿지 않는 자들에게도 가치가 있다. 즉 인류는 그리스도가 오셔서 보호하실 때까지 보존받았다. 이러한 특별 은혜로 인해 일반 은혜가 가능한 것이다. 그리스도는 십자가를 통해 창조의 유기체를 회복하였다. 창조가 흠도 없고 티도 없이 하나님 앞에 다시 설 수 있는 것은 그리스도의 사역 때문이다. 그러므로 그리스도의 사역은 그의 인격과 분리될 수 없다. 살아계신 그리스도가 중보자의 인격으로 자기 사역을 행하셨다. 이리하여 바빙크의 기독론은 중보자 예수 그리스도의 인격에서 중심과 일체성을 갖고 있으며, 아타나시우스와 칼세돈 이후 안셀무스와 개혁자들의 입장에 동조함과 동시에 당대의 현대 신학의 경향을 소화하여 새로운 고전적 기독론을 창출할 수 있었다.

9. 성령 하나님

구원의 서정

바빙크의 교의학 4권은 합동 직전 개혁교회 안에서 구원론의 문제들에 대한 신학적 토론이 활발하던 시절(1901)에 나왔다. 옛 분리 측과 애통 측의 신학적 입장은 주로 예정론과 구원론에서 첨예하게 대립하였다. 그는 그런 소용돌이 한복판에 서서 아주 차분한 필치로 모든 논의를 정리하고, 화평을 정착시키려는 노력을 경주하였다.

바빙크는 구원의 수여(授與)에 대한 로마 가톨릭의 입장을 근원적으로 논박하면서, 구원의 서정(순서)을 다루기 시작한다. 로마 가톨릭은 상당 기간동안 은혜를 하나님이 인간에게 부어주신 자질, 곧 사제와 성례의 중재로 인간이 신성에 참여할 수 있는 하나의 자질로 보았다. 이에 반하여 종교개혁 측은 은혜가 타락한 본성의 무능력을 제거하고, 원래의 본성적인 능력을 선하게 회복한다고 믿는다. 죄가 실체가 아니듯, 은혜인도 실체가 아니다. 그런데 동일한 개혁전통 안에서도 루터는 회개를 믿음에 선행시키는 반면에, 칼빈은 신앙을 먼저 말하고, 그 다음에 오는 중생을 넓은 의미로 이해한다. 그러나 바빙크는 이보다 더 근원적으로 생각했다. 즉 칼빈의 주장과 같이, 그리스도와의 신비적 연합과 교제가 앞서야 그리스도의 구원의 은덕에 참여할 수 있다고 생각했기 때문이다. 그리스도와의 신비적 연합은 평화언약에서 선택을 통해 이루어졌다. 성부께서는 선택받은 사람들을 대신하여 그리스도와 언약을 맺어 구원획득을 협의하고, 성령님은 이렇게 획득된 구원을 선택받은 사람들에게 적용하기로 약속하셨다. 이러한 평화언약을 배경으로 한 은혜언약이 구원서정의 근거요 출발점으로서, 객관적인 요인들인 그리스도, 교회, 말씀과 성례 등을 모두 포함한다. 은덕의 소유를 주관적으로만 접근하면, 구원의 객관적인 요인들을 밀쳐버리고, 종교적인 주체가 중심에 설 수 있게 된다. 바빙크가 루터조차도 견제하려 했던 것은 바로 이러한 이유, 곧 "구원론도 신학적으로 바라보아야 하기" 때문이다.

바빙크는 신비적 연합이라는 개혁파의 구원론을 부각시킨다. 그는 생명의 원리를 투여하는 협의의 중생을 은혜언약에 기초한 구원서정의 첫째 은덕이라고 본다. 칼빈은 믿음을 앞세우지만, 개혁 후세대는 항변파와는 달리 인간의 무능력으로 인해 믿을 수 있는 힘은 밖에서 와야 하며, 그렇기 때문에 재세례파에 대항하여 언약의 자녀가 신앙을 의식하기 전에 이미 신앙의 원리나 자질을 부여받아야 한다고 보았다. 이 관점에서, 선행의 공로성을 제거하기 위하여 서정에서 칭의를 앞세울 수도 있겠지만, 신앙이 뒤에 오기에 칭의 또한 서정에 있어 우선시될 수 없다고 밝혔다. 성부가 영원 전부터 평화언약을 통해 교중에게 허락하셨고, 성자가 십자가에서 획득한 은덕들은 동시에 성령님의 은덕이기도 하다. 성령님을 통하여 그리스도가, 그리스도를 통하여 성부께서 자기의 자녀들을 가장 내밀한 교제의 관계로 영접하신다. 성령님은 말씀을 통하여 이 은덕들을 배분하신다. 그래서 바빙크는 소명이 중생이나 신앙 앞에 와야 한다고 본 것이다. 죄가 죄과와 오염과 곤고로 행위언약을 파기시켰고, 형상의 상실을 초래했으며, 썩음에 종노릇하게 만들었듯이, 그리스도의 은덕은 먼저 우리를 하나님과 올바른 관계로 정립시키고(칭의), 나아가 형상을 회복시키며(성화), 마지막으로 천국을 상속하게 만들고, 죽음을 이겨 영생에 참여하게 한다(견인과 영화). 그는 구원의 은덕들이 동시에 주어진다고 하면서도, 동시에 소명-중생-칭의-성화-영화의 논리적 순서를 제시한다.

바빙크는 서정의 은덕들을 아주 유동적으로 말하는 성경과는 달리, 교의학이 순서를 정하려 하며, 이러한 과정에서 체계화에 빠질 위험이 있다고 경고한다. 하지만 안타깝게도 바빙크 자신도 이 위험에 빠지고 말았다. 그는 앞에서 본대로 성령님의 사역인 중생이 우리의 신앙이나 회개에 앞선다고 주장한다. 특히 유아에게는 성령께서 말씀 없이 역사하신다. 협의의 중생에는 즉각적이고 능동적인 중생사역인 소명을 포함한다. 이것을 그는 주입된 은혜라고 표현한다. 선택받은 사람들의 중생이 세례에 선행한다는 주장이 당시 애통 측에서 강하게 등장하였다. 바빙크는 언약의 자녀들의 중생의 시점에 대해서는 중립적인 입장을 취하면서도, 이들의 법적 지위를 외적 언약과 내적 언약으로 양분하여 설명하는 것에 대해서는 반대했다. 다만 그는 개혁신학자들의 견해를 종합하면서, 성령님은 말씀 없이도 어린이의 마음에 역사하시며, 특히 유아로 죽은 교중의 자녀들에게 이러한 방식으로 역사하신다는 것을 강조한다. 그러므로 교중의 자녀들은 고백이나 삶에 있어 그 반대가 나타날 때까지, 선택받은 사람들과 중생자로 간주될 수 있다. 이것은 1905년의 총회 결정에 근접하는 표현이다. 협의의 중생은 논리적으로 신앙과 회개에 선행한다. 그는 이런 입장이 성경에서 나타난 일상적인 표현이기는 하지만 칼빈의 입장과는 다르기에 『소명과 중생』(1903)과 『교의학』 2

판(1911)에서 장황하게 설명한다. 그렇다면, 바빙크 역시 말씀에 의한 소명보다 중생을 먼저 다룬 카이퍼처럼, '영원칭의론'과 '중생전제설'에 빠질 우려는 없는가? 소명이 먼저인가, 아니면 중생이 먼저인가?

바빙크의 입장을 다시 정리하여 보자. 죄인은 그리스도의 은덕에 참여하기에 앞서, 먼저 그리스도의 인격에 참여해야 한다. 교중과 그리스도의 연합은 이미 작정에서 이루어졌기 때문에, 역사에서는 구체적으로 성육신, 십자가와 부활로 구현될 뿐이다. 선택받은 사람들이 그리스도의 은덕을 주관적으로 소유하기 전에 '즉각적 은혜'가 이미 주어진다. 즉 신생(新生)의 최초의 원리인 중생은 인간의 이성적인 동의나 자유의지의 개입과는 무관하게 말씀을 통하든지 그렇지 않든지 간에 선택받은 사람들에게 능력을 직접적으로 미리 주어, 신앙과 회개를 이루게 한다. 바빙크는 이런 구분이 「도르드레흐트 신경」에는 나오지만, 「요리문답」이나 「신앙고백서」에는 나오지 않는다는 것을 솔직하게 인정한다. 그는 앞서 성령님의 말씀으로 은덕들을 배분한다고 말했는데, 이렇게 성령께서 중생을 직접 이루신다면, 과연 은혜의 방편인 말씀의 자리가 남아 있는가? 이에 대해 바빙크는 단호하게 소명이 중생에 앞선다고 말한다. 칼빈과 많은 개혁신학자들도 소명을 선행시켰다. 소명을 선행시키는 이유는, 재세례파들이 구원을 성령님의 내적 말씀을 통해서 오며, 외적 말씀은 이를 인식시킬 뿐이라고 주장하고 있는데, 결국 이를 통해 말씀과 성령을 분리시키고 은혜의 방편을 무시하기 때문이다. 그는 이러한 경향을 신비주의와 현대 신학에서도 발견한다. 그러나 이쯤에서 그는 나름대로 균형을 잡으려고 한다. 즉 말씀을 듣고 구원을 얻으려면, 경청(傾聽)할 능력을 베푸는 중생이 전제되어야 한다는 반론을 예상하기 때문이다. 그러나 하나님은 경청 때문이 아니라, 경청이라는 길로 중생을 제공한다. 하나님은 전능하셔서 은혜의 방편 때문이 아니라, 은혜의 방편의 길로 은혜를 베푸신다. 성령 하나님의 중생은 말씀에 매여있지(per verbum) 않고, 말씀 아래서, 말씀 곁에서, 말씀과 더불어(cum verbo) 일어난다.

말씀과 중생을 객관적으로 분리하면 하나님께서는 그리스도 없이도 성령님만으로도 구원을 줄 수 있다는 주장이 가능하여진다. 불가항력적 은혜는 개혁파의 용어가 아니다. 사실 은혜에 저항하는 경우가 있기 때문에 이 용어를 쓰지 않는다. 그래서 개혁파는 차라리 은혜의 유효성이나 정복불가능성을 말했다. 물론 결과적으로 보면, 은혜는 불가항력적이다. 그는 중생이 오직 내면의 영적 갱신이며, 이를 옛사람들이 자질로 불렀다고 한다. 이렇게 그는 점차 카이퍼의 입장에 접근한다. 성령님은 이 자질을 이루시고, 혼과 육체와 인간의 행위는 이 자질에서 나오며, 이 자질은 상실될 수 없다. 이런 이해는 은혜를 실체로 보는 로마 가톨릭과도 그리 멀지 않다.

이 점에서 그는 자기가 반박하고 싶은 당대의 신학자들과 악수한다. 여기에는 적어도 두 가지 원인이 있다. 먼저 그는 믿음과 구원의 배경을 추적하는 예정론을 개혁파의 특징으로 보았다. 선택과 평화언약에서 모든 것은 다 결정되었다. 이것의 실현인 은혜언약은 믿음으로 확인될 따름이다. 그러나 그가 구원의 근거를 죄인의 바깥에서 찾은 것은 좋았지만, 구체적인 복음사역을 폄하할 위험에 처하고 말았다. 둘째로, 카이퍼가 개혁 후세대를 따라 중생을 앞세우면서 주장한 영원칭의론이나 중생전제설을 그는 비판하지 못했다. 합동개혁교회 안에 화평을 심으려는 그의 의도는 칭찬받을 만하지만, 그가 지불해야 하는 대가는 적지 않았다. 여기에 단호하지 못한 그의 성격도 한 몫을 하였다.

바빙크는 신앙의 이해에서 칼빈 뿐 아니라, 후대의 스콜라스틱한 용어와 구분을 이용한다. 가령 신앙은 오성의 덕목이며, 회개는 의지의 행위로 보았다. 신앙능력은 중생으로 주어진 중요한 은사이다. 「하이델베르크요리문답」 제7주일은 신앙을 지식과 신뢰로 정의한다. 하지만 바빙크는 이를 비판하며, 신앙을 지식으로 본 칼빈을 선호한다. 구원을 이루는 신앙은 행위를 통해 하나님을 구원주로 영접하고, 성경을 하나님의 말씀으로 받아들인다. 신앙은 성경의 옷을 입은 그리스도를 영접하면서, 삭막한 합리주의나 거짓 신비주의를 피한다. 신앙은 그리스도를 그의 모든 은덕과 더불어 주관적이고 인격적으로 영접하는 것이다. 그는 신앙을 수동적인 자질적 측면과 능동적인 활동신앙으로 구분한다. 신앙은 이미 그 자체에 확실성을 지닌다. 신앙의 기초와 확실성은 하나님의 약속에 있으며, 인간의 변덕스러운 체험이나 불완전한 선행(善行)에 있지 않다. 따라서 그는 이 점에서 감정에 호소하는 슐라이어마허와 경건주의를 모두 거부한다. 신앙은 오성의 행위이기 때문이다. 로마 가톨릭은 확실성을 행위의 속성으로 대체시켰다. 그리스도와 인간 사이에 업무 분담이 등장하는 것이다. 개혁은 이에 반대하면서 깊은 윤리적인 의미를 부여하였다. 신앙을 통해 죄사함받은 것을 확신한다면, 그때부터는 계명을 따라 살아야 한다. 회개는 감정의 변화가 아니라, 하나님을 기쁘시게 하기 위하여 계명을 지키려는 의치로 이루어진다.

바빙크는 신앙의 구분과 마찬가지로 자질적 회개와 활동적 회개를 구분한다. 이는 중생에 의한 생명원리의 투여로 인한 불가피한 결과이다. 칭의에서도 그는 능동과 수동적 칭의를 말한다. 우리는 신앙으로 의와 하나님의 공로와 칭의 자체를 동시에 받는다. 능동적 칭의는 신앙 이전에 신앙을 향한 내적 소명이다. 내적 소명의 공개는 피동적 칭의로서 오직 신앙을 통해서만 이루어진다. 개혁파는 항변파 등을 논박하면서 영원칭의를 발전시켰는데, 시간적인 칭의는 영원칭의에 대한 의식과정일 뿐이다. 바빙크는 오직 믿음으로 시간계 안에서 일어나는 칭의만을 주장하면서, 양자를 조화하려 한다. 가령 십자가상의 칭의를 말할 수 있다. 십자가에서 이룬 그리스도의 은덕을 수여하는 것은 신앙에 선행한다. 이것은 성부의 작정으로 이미 이루어졌기 때문이다. 이처럼 하나님의 속죄나, 성령님의 내적 소명으로도 칭의는 이루어졌다. 다만 성경은 이런 것들을 칭의로 설명하지 않고, 하나님의 방편으로 표현한다. 이런 조화에도 불구하고, 그는 영원칭의의 의식화인 피동적 칭의를 크게 비판하였다. 물론 장점도 있다. 즉 선택은 영원에서 이루어졌고, 중보자의 보증을 담은 평화언약도 영원의 일이다. 시간계에서 일어나는 일은 모두 하나님의 작정에 포함되어 있다. 칭의도 영원에서 일어나지 않았다면, 시간계에서 일어나지도 않았을 것이다. 그런데도 그는 중생에서의 능동적 칭의를 의식화인 피동적 칭의에 순서상 우선시키고, 칭의가 선언적 사건이라는 것도 변증하지만, 양자의 관계에 대한 설명은 충분하지 못하다. 조화를 시도하는 그의 태도는 좋지만, 단호한 태도로 진리를 밝히는 데에는 부족한 것이다.

바빙크는 성화론에서도 로마 가톨릭과 대결한다. 그리스도는 칭의에서 법적으로 주어지고, 성화에서는 윤리적으로 주어진다. 칭의로 우리는 그리스도 안에서 하나님의 의를 입게 되며, 성화로는 그리스도가 성령님을 통하여 우리 안에 거하면서 우리를 자기의 형상대로 변화시키신다. 회개에는 즉각적 신앙의 소극적 측면이, 성화에서는 능동적 측면이 부각된다. 신앙은 성화의 방편이다. 신앙은 그리스도의 자비를 붙잡으며 의와 거룩에 기초한다. 신앙의 견인(堅忍)은 회개와 중생으로 말미암아 주어진다. 하나님은 이미 상실될 수 없는 은혜를 주셨다. 하나님은 강압적인 방식이 아니라, 권면과 경고로써 신자를 영광에로 인도하신다. 그리고 선행(善行)은 확실성을 증거하는 보조수단이다.

교회

바빙크는 종교개혁의 전통에 따라 교회의 본질을 성도의 교제로 본다. 교회는 지상에서 하나님의 백성이요, 선택의 실현이기도 하기 때문이다.

루터는 교회를 '가시 교회'와 '불가시 교회'로 구분하였다. 그가 교회의 가시성을 무시해서가 아니라, 로마 가톨릭을 대항하여 교회의 본질은 불가시적인 것, 즉 신앙과 성령으로 그리스도와 그의 은덕과 교제함에 있다고 보았기 때문이다. 후기에는 이 구분이 두 교회, 즉 교회 안의 불가시적인 '작은 교회'를 뜻하게 되었다. 칼빈도 온 세계에 퍼져있고, 위선자들조차도 참여하는 '보편적인 교회'와 신앙의 대상인 '교회'를 구분하였다. 후자에서는 누가 참 성도인지 알 길이 없으니 불가시적이다. 바빙크는 교회의 영적 측면, 곧 회원들의 신앙과 사랑이 지니는 불가시적인 측면을 지적하기 위해 '불가시적 교회'라는 명칭을 사용한다.

교회는 전투적이며 동시에 승리한 교회이다. 교회는 진행 중에 있으며, 땅위에만 국한시킬 필요는 없다. 바빙크는 지상 교회에 속한 많은 이들이 죽음을 넘어 천상 교회로 나아간다고 말한다. 이 양자의 일체성을 고수하고 있는 것이다. 낙원부터 지금까지 많은 성도들이 날마다 지상 교회에서 천상 교회로 적을 옮겼다. 전투적 교회는 세계 교회, 민족 교회, 지역 교회로 나누어진다. 사도들은 성경에서 이념적 교회를 말한 것이 아니라, 아주 구체적으로 실존하는 교회를 지칭하였다. 이 구체적이고 독자적인 교회는 그리스도의 몸의 계시이며, 전체 교회의 발현이기도 하다. 그의 교회론은 서방교회의 전통에 서있는데, '예배'를 통해 교회를 이해한 고대 교회의 교회론은 빠져있다.

바빙크는 가시 교회 내에서 '제도 교회'와 '유기체 교회'를 구분한다. 카이퍼도 이러한 구분을 즐겨 사용하였지만, 바빙크는 이 구분을 새롭게 해석한다. 그는 이 구분이 가시 교회와 불가시 교회의 구분과는 다르다고 하며, 유기체 교회와 불가시적 교회를 동일시함으로써 제도적 교회의 폄하를 거부한다. 바빙크에 의하면 제도 교회와 유기체 교회 사이에 우월권이 없으며, 이 둘은 상호작용하면서 존속한다. 성도들은 각각의 신앙고백을 일상의 삶에서도 나타내며, 모두 함께 세상에 대항하여 싸운다. 교회는 제도적인 측면을 지니며, 제도 교회는 유기체 교회를 구현하는 필수적인 기관이다. 그러나 그는 유기체로서의 교회가 제도 교회를 선행한다는 주장에 대해서는 반박한다. 그럴 경우 중생한 인류인 유기체 교회가 창조, 가정, 국가, 사회, 학문과 문화 영역에 있어 그 모습을 밝히 드러낼 수 있겠으나, 대신 제도 교회의 설 자리가 사라지기 때문이다. 바빙크는 직분과 직분의 봉사로 구체화되는 제도 교회를 항상 염두에 두었으며, 유기체 교회를 사용할 때는 주로 형제애의 관점에서만 제한적으로 사용하였다. 이러한 이유로 바빙크는 제도 교회의 의미를 약화시킨 카이퍼의 교회론을 비판하고 있는 것이다. 하지만 동시에 초기 불가시적 교회에 대한 비판으로 강조했던 '하나님의 나라'에 대한 사상이 다시는 나타날 수 없는 손실을 겪어야 했다.

바빙크는 종교개혁 측에서 구분한 '참 교회'와 '거짓 교회'를 설명하기가 어렵다고 토로한다. 이 구분은 로마 가톨릭과의 투쟁에서 나왔다. 로마 가톨릭은 교회를 성경 위에 두면서, 교회가 자기 모습을 드러내는 속성들을 교회의 표지라 하였다. 그런데 개혁자들은 교회가 오류를 범하며, 타락할 수 있기에 항상 더 높은 권위인 성경에 복속해야 한다고 보았다. 그래서 말씀이 사실상 유일한 표지이고, 다른 표지들은 이에 준하는 부차적인 표지가 된다. 이런 관점에서 그는 참 교회와 거짓 교회의 구분을 새롭게 제시했다. 루터파나 개혁파는 교회 내의 부패와 부정, 그리고 새로운 교회집단의 출현으로 말미암아 표지론을 엄격하게 견지할 수 없게 되었다. 더러는 도리어 로마 가톨릭에서 참 교회의 흔적을 보기까지 할 지경이었다. 즉 참 교회와 거짓 교회의 구분 자체를 거론할 형편이 아니었다. 절대적인 참 교회도 없고, 절대적인 거짓 교회도 없는 상황이 되었기 때문이었다. 이때 참 교회와 순수 교회의 구분이 등장하였다. 즉 참 교회 안에 순수한 교회와 덜 순수한 교회가 있다는 식으로 일종의 등급이 생기고 만 것이다. 참 교회는 기독교의 기본진리와 도리에 따르지만, 순수성의 정도에서는 서로 다를 수 있다. 거짓 교회는 미신과 불신앙으로 충만한 권위적 교회로 하나님의 말씀보다 자신과 자기의 규정에 더 권위를 두는 교회를 말한다. 칼빈은 로마 가톨릭에서도 교회의 흔적을 찾았고, 루터파나 개혁파도 배타적으로 자기를 참 교회나 순수 교회로 내세우거나, 구원을 오직 제도 교회에만 제한하지 않았다. 보편적 기독교회는 교회들마다 때로는 순수하게, 때로는 덜 순수하게 나타난다. 마찬가지로 하나의 보편적인 기독교의 진리는 고백들마다 때로는 순수하게, 때로는 덜 순수하게 나타난다. 보편기독교는 신앙의 다양성을 초월하지 않고, 그 다양성 속에서 현존한다. 그렇다면 자신의 배경인 분리교회의 정당성은 무엇인가? 그에게도 교회의 보편성과 경험적인 교회의 현실을 조화시키는 것은 여간 어려운 문제가 아니었다.

이와 더불어 바빙크는 카이퍼의 교회의 다원성 이론에 동의했다. 종교개혁과 함께 교회의 획일성은 다원성으로 나타났으며, 다양한 고백이 등장하면서, 교회와 신앙생활에도 상이한 모습이 나타났다. 그는 죄가 이런 분열의 원인임을 인정하면서도 가시적인 교회의 단일성을 포기할 수밖에 없었다. 죄가 없었을 때에도 피조물 가운데 다원성은 있었다는 것이 그에 대한 근거였다. 그러므로 그는 교회의 다원성 시대를 연 종교개혁 이후, 교회의 단일성은 외적 치리의 형태가 아니라, 내적인 신앙의 결속에서 찾아야 한다고 보았다. 이런 관점은 옛 분리 측에 있던 협소한 종파주의와 분리주의의 위험을 경고하는 역할을 하였다. 물론 그는 분리교회의 정당성을 교의학에서도 옹호하였다. 이와 관련하여 바빙크는 「네덜란드고백」 28조를 언급하며 다음과 같이 말했다. "한 교회가 직분과 직분을 통한 봉사에서 하나님의 말씀보다 자신과 자기의 규정에 더 권위를 두고, 거짓 교회임을 분명하게 노정시키면,

참 성도들은 스스로 분리하여 교회적으로도 하나님의 말씀을 따라 새롭게 살아가야 하는 거룩한 임무와 피할 수 없는 의무를 지닌다."[67] 이와 동시에 그는 개방성을 교인들에게 들려주려는 목적에서 『기독교와 교회의 보편성』(1888)이라는 강의를 하기도 하였다. 이 두 관점에서 그는 "개신교 안에는 교회개혁적 요소와 교회해체적 요소가 공존한다"는 유명한 말을 남겼다.[68] 교회의 유일한 판단기준인 말씀이 만인의 손에 쥐어졌다면, 누구나 교회를 판단할 권리를 가지며, 확신이 설 때에는 분리할 권리도 있다는 것이다.

바빙크는 그리스도의 왕권 위에 교회 치리와 직분론을 전개하면서 로마 가톨릭을 비판하고, 루터파보다는 개혁파가 더 순전하게 발전시켰다고 주장한다. 그리스도는 교회로써 자신의 중보직분을 세상 가운데서 수행하지만, 성도의 어머니인 교회는 도상에 있다. 로마 가톨릭은 구원을 사제와 성례에 국한시키지만, 종교개혁은 말씀의 설교에 둔다. 그리스도와의 교제는 사도들의 말씀과의 교제로 가능한데, 교회에 직분을 세운 것은 나중에 추가된 것이 아니라, 교회사의 초두부터 있어왔다. 사도직 자체가 교회의 제도성을 가장 강력하게 증거한다. 그러나 장로직에서 감독, 감독에서 교황직으로 발전하는 로마 가톨릭

---

67) IV, 360쪽.
68) 『기독교와 교회의 보편성』, 50쪽.

의 직분론은 그리스도가 자기 교회에 주신 치리의 본질 및 원리와는 배치된다. 성경에는 베드로의 우월권이 나오지 않으며, 로마 감독인 교황의 우월권도 근거가 없다. 이런 권위주의적인 위계질서체제 대신에 종교개혁 측은 그리스도의 왕권을 앞세웠다. 이 왕권에 기초하여 지역교회의 독자성이 확보되고, 직분도 정당한 대우를 받게 되는 것이다. 그리스도는 지역교회에 구원의 은덕뿐만 아니라, 치리의 은사도 주시는데, 이로써 성도의 회중인 교중은 은사공동체가 된다. 이러한 이유로 바빙크는 성직자와 평신도의 구분 자체를 거부한다. 이른바 만인제사장직에 기초하여 그리스도는 특별한 직분들을 세우셨으며, 교회의 모든 권한은 말씀 봉사와 직접 또는 간접적으로 관련되어 있다는 것이 종교개혁의 전통이라고 주장했다. 그러므로 교회의 모든 규례는 이 원칙에 합의해야 한다.

설교자, 장로와 집사직분은 말씀으로부터 파생된다. 루터는 말씀을 맡은 설교자 직분을 회복하였다. 이 권한은 교회의 열쇠권이며, 교리권, 교수권과 통치권을 포함한다. 칼빈은 장로직을 개혁교회 정치의 특징적인 직분으로 삼았는데, 장로는 회중 가운데서 말씀의 열매를 확인하며, 이를 위하여 필요하면 권징을 행한다. 바빙크는 개혁교회의 집사직에는 여전히 발전시켜야 하는 여지가 많이 있는 반면에, 로마 가톨릭의 구제권은 아주 잘 정비되어 있다고 칭찬하였다. 집사직은 빈자,

병자, 나그네, 수인, 정신박약아, 정신병자, 과부와 고아 등에게 구제를 베풀어야 한다. 그러나 그가 그리스도의 3직과 연관하여 목사직은 선지자직, 장로직은 왕직, 그리고 집사직은 제사장직에서 근거를 찾으려 했던 것은 스스로 경고한 체계화의 위험에 빠진 경우라고 보아야 할 것이다.

신약에 의하면, 모든 지역 교회는 독자적이고, 완전한 교회이다. 그러나 바빙크는 독립 교회 정치제도에 반대하면서, 프랑스에서 발생한 총회제도를 선호한다. "총회제도는 위계체제의 발등상이 아니라 와해이다. 이 제도는 지역 교회의 독자성을 보장하며, 혼란과 분열, 목사의 권위주의, 소수의 횡포로부터 보호한다. 다만 소수가 다른 교회와 연합하여 광의의 회의에 제소할 수 있는 기회를 허락한다."[69] 바빙크는 지역 교회를 강조하면서도 동시에 총회제도를 옹호하기에, 개혁교회법에 따라 협의(俠義)의 회의와 광의(廣義)의 회의를 말하였다. 그러나 위계 개념이 서려있는 하회나 상회 개념은 거부한다.

박사직분에 대해서는 별도의 설명이 필요하다. 박사직은 사도직에 기초한 교리권의 일환으로, 하나님의 말씀을 보존하고 해석하며, 변호하는 직권을 말한다. 바빙크는 박사직과 신

---

69) IV, 415쪽.

학 교수직을 동일시하되, 이 직을 별도의 교회직분으로 여기지는 않았다. 교회는 신학연구와 목사후보생 교육을 교수들에게 위임하였기에 교회의 박사와 신학 교수를 구별할 필요가 없다. 학문으로서의 신학은 유기체로서의 교회의 임무이며, 성령님이 나누어 주시는 은사의 발전과 열매이다. 교회는 이 은사를 경시하지 말고, 재능을 가진 자를 발굴하여 말씀을 해석하게 하고, 진리를 변호하게 하며, 말씀의 사역자를 교육할 수 있는 기회를 주어야 한다. 사실 그는 옛 분리 측과는 다르게 신학을 학문으로 이해하기 때문에 신학을 대학교에서 가르쳐야 한다고 주장하면서, 두 신학교육기관의 통합을 추진했다.

바빙크는 국가와 교회의 관계를 어떻게 보았는가? 신권통치가 시행되었던 이스라엘에서도 교회와 국가는 구별되었다. 국가는 교회와 구별되는 고유한 사명을 가지고 있지만, 교회와 마찬가지로 하나님의 말씀에 매여 있고, 십계명의 두 판을 지킬 임무를 걸머진다. 기독교적이요, 개혁파적인 정부는 하나님의 영광을 증진시키고, 그의 교회를 보호하며, 적그리스도의 나라를 멸망시켜야 한다. 이혼이나 주일을 범하는 일은 법적으로 징벌을 받아야 한다. 그리고 복음에 상응하면서 이를 위하여 필요한 방편을 구사할 수 있어야 한다. 1905년 「신앙고백」 36조의 개정을 제안한 바빙크는 이곳에서 상당히 혼란스러운 발언을 한다. 즉 국가로부터의 자유는 주장하되, 국가의 독자성은 제한하자는 주장이었다.

성례

바빙크는 성례를 은혜의 방편이라는 제하에서 다룬다. 물론 첫 방편은 말씀이다. 그는 방편의 사용을 멸시하는 신비주의와 자동적인 성례관을 가진 로마 가톨릭을 모두 비판한다. 칼빈은 말씀의 설교가 주님이 선택하신 사람들을 부르시기 위하여 섬세하게 사용하시는 정상적인 은혜의 방편이요, 은혜의 배분이라고 했다. 주님은 인간을 직접적으로 부르시지 않는다. 그리스도는 복음 선포를 교회에 명하셨고, 교회에게 은혜의 배분자이신 성령님을 주셨다. 복음 선포와 성령님의 내적 소명(중생)은 동행한다. 언약의 표와 인인 성례로써 은혜를 베푸신다. 이런 식으로 바빙크는 복음과 중생을 밀접하게 연관시켰다. 말씀은 성부, 성자, 성령님과 분리되지 않는다. 어떤 점에서 말씀은 항상 작용한다. 문제는 말씀의 작용이 언제 신앙과 회개를 이루는가 하는 점이다. 즉 성령님의 이 주관적 활동이 객관적 말씀에 임해야 하는데, 말씀에 결합하는 성령님의 활동은 말씀 자체에 있지 않다는 것이다. 말씀을 통하여, 즉 말씀만이 아니라 말씀과 더불어 성령님이 역사하신다. 개혁파는 성령님을 말씀에 가두지 않고, 말씀을 성령님으로부터 분리시키지도 않는다. 이미 구원의 서정에서 다루었던 문제를 재론하고 있는 것이다. 이런 논의의 배경을 고려하지 않으면, 눈치채지 못할 것이지만, 어쨌든 바빙크는 해결할 수 없는 과제를 스스로 떠안은 셈이다.

성례는 말씀에 결속된 표와 인이기에 말씀을 통하여 주어져야만 은혜를 받을 수 있다. 개혁은 로마 가톨릭에 반대하여 성례 자체를 통해 은혜가 임하는 것이 아니라, 은혜를 받는 자의 믿음을 전제하였다. 그렇지만 하나님이 은혜를 주시려고 성례를 어떻게 사용하시는지에 대해서는 완전한 답을 칼빈도 확보하지 못했다. 말씀에 기초하여 믿음으로 성례의 은혜를 받는다는 원칙은 확고하지만, 더 이상 답변할 수 없는 질문들이 너무 많다. 하나님은 성례를 제정하신 말씀을 통하여, 한편으로는 성례의 상징과 집행, 다른 편으로는 표시된 내용인 은덕과 약속들 사이에 밀접한 관계를 설정하셨다. 로마 가톨릭과 루터파는 표와 표시된 내용 사이의 관계를 공간적이고 물질적인 것으로 이해한다. 이에 비해 개혁파는 영적으로 은혜가 주어진다고 보았다. 이런 영적인 베풂에 성령님의 특별 활동이 첨가될 때 성례는 그 목적을 달성하게 되는 것이다. 말씀을 거부하는 자는 그리스도를 거부하는 것이며, 성례를 무시하는 자 또한 그리스도를 무시하는 것이다. 성례를 바로 받기 위해서는 오성이 빛을 받고, 의지가 작용해야 한다.

성례전적인 은혜는 이전에 받았던 은혜와 어떻게 다르며, 성령님의 내적 활동과는 어떻게 다른가? 이에 대해 바빙크는 「취리히협약」을 통해 답을 제시하려 하였으나 만족스럽지 않다. 바빙크는 성례론에서도 은혜의 방편인 말씀을 강조했다. 말씀에 성령님의 부가적인 은혜가 있어야 하듯이 성례도 마찬가지이다. 즉 성령님이 새로운 삶의 원리를 마음에 부어주셔야 말씀이 비로소 작용한다는 주장은, 말씀이 성령님의 수중에 있는 방편이라는 칼빈의 주장과는 다르다. 바빙크의 성례론이나 구원론은 공동의 기조를 가지고 있다. 말씀과 성례가 동일한 내용, 즉 그리스도와 그의 은덕을 내용으로 삼고 있다면, 성례에서 인쳐지는 말씀과 복음의 약속을 어떻게 이해해야 하는가? 물론 그는 성례가 실질적인 내용이 없는 외적인 표라고 보는 외적 은혜언약론을 거부한다. 성례는 복음, 즉 믿는 자는 구원을 얻게 된다는 약속에 대한 인일 뿐 아니라, 은혜언약 자체에 대한 인이기 때문이다. 성례는 단지 "그리스도 안에 사죄와 영생이 있다"는 일반적인 진리를 인치는 것이 아니라, "나는 너의 하나님이요, 영원토록 네 자손의 하나님이다"는 사실을 인친다. 성례는 언약 백성을 위하여 제정되었다. 세례는 중생이 아니라, 하나님의 약속에 대한 인이다. 이로써 그는 중생전제설을 비판하고 거부하는 것이다.

바빙크는 재세례파에 대항하여 유아세례를 변호하기 위해

10가지의 논거를 제시하였다. 개혁파는 은혜언약을 유아세례의 출발점으로 삼는다. 성례의 바탕은 중생이나 신앙, 회개나 감정이 아니라, 신자와 그 자녀들을 포함하는 은혜언약이다. 언약의 표인 세례는 할례를 대신한다. 그리스도께서는 아이들을 언약의 자녀로 인정했다. 그는 여기서 더 나아가 유아가 실제로는 믿지 않더라도, 중생과 신앙능력을 받을 수 있으며, 부모와 함께 신자로 간주될 수 있다는 주장을 한다. 이 입장은 세례받은 자에게 있다고 전제된 바를 세례의 근거로 삼는 카이퍼의 입장과 유사하다. 하지만 그는 다른 곳에서는 하나님의 언약이 세례의 근거라고 한다. 선택받은 사람들이 세례를 받기 전이나 심지어 출생 전에 이미 중생하였다는 증거는 없기에 복음과 신앙과 회개설교가 필요하다는 것이다. 그러다 또 다른 곳에서는 무의식적으로 성령님의 중생을 받아 신앙능력을 부여받은 유아들은 세례를 받을 수 있다는 입장을 개진한다. 이처럼 바빙크는 스스로 모순적인 상황을 연출한다. 또한 그는 신자의 자녀들이 언약의 약속들에 참여한다고 간주할 수 있으며, 제일의 약속은 중생이라고 말했다.

카이퍼와의 신학적 대결에서, 바빙크의 우유부단한 성격이 이처럼 그대로 드러난 경우는 흔치 않다. 그는 중생을 앞세우면서도 유아세례의 근거는 오직 은혜언약임을 강조한다. 물론 유아세례의 근거에 대해 개혁신학 안에 있는 두 가지 견해를 설명함으로써 그의 학문과 입장의 보편성을 보여줄 수는 있다. 이 보편성이 합동개혁교회에 평화를 가져다주었다 하더라도 그 자신의 입장을 명백하게 드러내는 데에는 기여하지 못했다. 게다가 선택의 내면이나 유아의 신앙능력까지 거론하는 번쇄(煩瑣; 스콜라적)한 모습까지 보였음에도 자기 입장은 여전히 숨겨 놓았다. 그렇지만 신학은 다룰 수 없는 문제를 스스로 간파하고, 말씀에 단순하게 순종하는 모습을 보일 때에야 비로소 송영이다.

바빙크가 개혁신학의 성찬론을 설명할 때에도, 평화언약에 의해 이루어진 신비적 연합으로서가 아니라, 말씀의 방편으로 이루어진 연합으로 하였다면 더 성경적이고 개혁신학적이었을 것이다. 종교개혁 측에서는 로마 가톨릭의 미사와 화체설을 거부하고, 고유한 입장을 전개하였다. 루터파와 개혁파는 그리스도와의 신비적 연합의 문제에서 이견을 나타낸다. 칼빈은 성도들과 그리스도의 인격적 교제인 신비적 연합에 주목하였다. 이미 말씀에서 이루어진 이 연합은 성찬에서 가시적으로 나타난다. 말씀과 신앙을 통하여 우리는 그리스도와 내밀한 관계를 가지게 된다. 여기서도 성령님의 사역이 성도에게 주관적으로 부가되어야 한다. 말씀 자체가 교제나 신앙을 수여하는 것이 아니라, 하나님께서 그 말씀을 믿는 자들을 그리스도와 그의 은덕들에 참여하도록 하신다. 곧 성령 하나님의 사역인 것이다. 성찬은 그리스도와 신앙으로 교제함으로써 누리는 신비적 연합을 표하고 인을 쳐서 볼 수 있게 한다. 그리스도가 육체적으로 빵과 포도주에 임재하지는 않지만, 이 표를 믿음으로 취하는 자는 하나님의 규정에 따라 그리스도와 참된 교제를 누리게 된다. 그리스도는 이 표와 더불어 표시된 내용인 자기 자신과 자기의 은덕을 성도들에게 나누어주신다. 츠빙글리는 그리스도의 은덕과의 교제만을 말하지만, 칼빈은 더 깊이 신비적 연합에 의거한 그리스도와의 교제에까지 소급한다. 이 교제는 그리스도 그분 전부와 나누는 신비적 연합이다. 그리스도의 육신과의 연합은 불멸성을 수여한다. 주로「요한복음」에 나오는 이러한 신비적 연합에 대한 교훈을, 칼빈은 후대 개혁파에게 유산으로 남겨주었다. 칼빈은 성례의 객관성과 동시에 성찬에는 은덕들의 표만 있는 것이 아니라, 인으로서 동시에 은덕들이 주어진다는 것을 강조하였다. 비록 불신자가 참여한다고 하여도 이 진리는 파기되지 않는다. 모든 은덕들이 제안되었지만, 불신자는 참여할 수가 없을 뿐이다.

종말

성경에서 혼의 불멸성을 언급하지는 않지만, 종교와 삶에 있어 이는 아주 중요한 요소이다. 성경은 생명의 존속만을 말하지 않고, 죽음을 단순한 파괴와 동일시하지도 않는다. 삶은 하나님과의 교제를 뜻하며, 죽음은 이러한 은혜의 상실을 말한다. 육체뿐 아니라 혼도 죽음의 상태에 처하며, 음부에 거한다. 그러므로 혼의 죽음도 말할 수 있다. 구약에서는 혼의 불멸성을 말하는 곳이 없다. 개혁자들은 이를 분명하게 거부하지도 않지만, 그렇다고 이를 적극적으로 가르친 적도 없다. 이처럼 생명은 순수한 존재나 순전한 존속만은 아니다. 그리스도는 혼이 죽음 뒤에도 존속할 것을 계시하지 않았다. 다만 죄로 점철된 이 세상의 삶을 하나님과의 교제와 평화와 희락과 구원으로 채워주실 것이다. 그리스도를 주님으로 삼은 자에게 죽음은 죽음이 아니라 영생에 이르게 하는 관문이며, 무덤은 부활의 내일을 기다리는 거룩한 안식처가 된다. 바빙크는 중간상태에 대해서는 말을 아주 아낀다. 그는 육체의 죽음과 혼의 죽음 중 후자를 거부한다. 육체의 죽음 이후의 세상에 대해서, 바빙크는 그곳이 단순히 상태가 아니라 장소이며, 육적으로 죽은 자 중에서 불신자들은 이 세상보다 더욱 심한 고통 속에 거하게 될 것이라고 말할 뿐이다. 바빙크는 이신칭의(以信得義, Justification by faith)의 관점에서 소위 연옥불을 비판한다. 신자는 이미 천국에 합당한 사죄와 영생을 누리고 있으니, 연옥불은 소용 없다는 것이다. 죽음 자체가 죄과와 오염을 정화시킨다. 지상 교회와 천상 교회 간의 직접적인 교통은 있을 수 없다. 천국에 있는 성도들이 땅의 일을 다 알고 있다는 성경적 교시는 없지만, 승리의 교회가 지상의 교회와 동락하고 있다는 것은 추정할 수 있다. 이 중간상태는 임시적이다. 이원론의 주장과는 달리 육체가 없는 상태의 존속은 이득이 아니라 손실이다. 육체가 인간의 본질에 속하기 때문이다. 동시에 하늘도 그리스도의 재림을 갈망하니, 이 중간상태는 지나가는 과정일 뿐이다. 천국에 있는 성도들도 일하고 있을 것이다. 진화론은 죽음이 지닌 징벌의 성격을 없애버리고, 죽음을 하나의 정상적인 현상으로 본다.

그리스도의 재림을 다루면서 바빙크는 천년설을 길게 취급하였다. 특히 예수님의 재림 후에 성도들이 그와 함께 지상에서 천년간 통치한다는 '전천년설'을 세세하게 설명하고, 이 이론의 부분적인 진리를 인정하면서도 동시에 논박한다. 세계의 종말에 관해서는 항상 끝없이 발전한다는 주장과 완전히 파괴된다는 주장이 있어왔다. 「요한계시록」 20장의 천년왕국은 짧은 핍박의 기간과 영원한 영광이라는 관점에서 씌어졌다. 개혁파는 예수 그리스도의 재림이 육체적이고, 시간적이며, 공간적인 성격을 지닌다고 주장하였다. 재림이 홀연히 임한다고 하여도 단계적인 사건일 것이며, 그리스도는 끝까지 인성을 입고 계실 것이다. 먼저 부활이 완성된다. 부활에서 교중이 항상 전면에 서있다. 성도들은 시신을 미이라로 만들거나 화장시키기보다는 땅의 모태에 맡겨 부활 때까지 보존시키는 것이 옳다. 땅에는 부활한 육체의 기저를 이루는 여하한 요소라도 남아있을 것이다. 영원한 형벌로 인하여 사랑이나 자비와 같은 하나님의 속성에 어떤 문제가 일어나는 것은 아니다. 지옥에서는 멸망당한 자의 징벌이 시행되겠지만, 감각의 징벌은 없을 테니, 한갓 자비가 임할 것이기 때문이다. 세계의 갱신은 죄인들이 땅에서 추방된 뒤에 이루어질 것이다. 갱신은 세계의 파괴가 아니며 신령화도 아닐 것이다. 영원한 복은 육체적이고 물질적이기도 할 것이다. 모든 영원한 복은 결코 공로의 결과가 아니며, 오직 그리스도의 화해사역의 결실일 뿐이다. 영원한 복의 상태는 신학적이고, 하나님 중심적으로 묘사되었다. "낮과 밤의 구분, 안식일과 노동일의 구분이 사라진다. 시간은 하나님의 영원으로 에워싸인다. 하나님은 완전히 편재하신다. 영원한 생성은 불변으로 바뀐다. 하늘과 땅의 대치도 소멸된다. 천지에 있는 모든 것이 머리인 그리스도 안에 다 포섭되기 때문이다. 모든 만물은 하나님 안에 있고, 움직이며 산다. 하나님께서는 만유의 만유로서, 자기 사역의 거울에서 자신의 성품을 반사시키면서 스스로를 영화롭게 하신다."[70]

---

70) IV, 713쪽.

10. 바빙크의 평가와 영향

바빙크 연구사와 그의 영향

바빙크의 제자 란트베르와 자유대학교 후임인 헤프는 그가 죽은 바로 그 해에 각각 스승의 전기를 출판하였다.[71] 헤프는 바빙크를 곁에서 겪은 사람으로서 그의 삶을 신학적으로 잘 묘사하였으며, 바빙크의 서한을 이용하여 그의 비공식적인 삶의 모습도 잘 보여주었다. 이와 별도로 많은 이들이 추모의

---

[71] J. H. Lanhwehr, *In Memoriam*: Prof. dr. H. Bavinck, Kampen: Kok, 1921; V. Hepp, *Dr. Herman Bavinck,* Amsterdam: Ten Have, 1921. 헤프는 바빙크가 친구 스눅 후르흐론녀와 나눈 서한을 기초로 상당한 객관성을 유지하려 하였고, 특히 그에게 가장 어려웠던 1902년의 상황을 생생하게 묘사한다. 그럼에도 그는 바빙크를 카이퍼의 눈으로 읽으려는 편파성을 지녔다. 또 그의 별세 직후 너무 짧은 시간에 탈고하였기 때문에 객관적인 평가가 결여되어 있다. 란트베르는 바빙크의 캄펀 시절 제자로서 서한 등의 자료를 사용하지는 않았지만, 선생 바빙크의 인간적인 면모를 잘 보여준다.

글을 통해 바빙크의 인격과 업적을 높이 평가하였다.[72] 그 뒤에도 바빙크의 신학과 사상을 조명하는 학위논문들이 많이 출간되었으며,[73] 그의 교육학적 기여를 다룬 책들이나,[74] 대중적인 형태의 바빙크 전기도 발행되었다.[75] 이 외에도 바빙크에 대한 학술논문들이 다수 있다.[76] 브렘머는 1961년에 바빙크를 교의학자로 평가하는 학위논문을 썼고, 5년 뒤에는 바빙크의 전기도 출판하였다. 이 두 책은 바빙크의 저작들은 물론 그에 대해 그 이전에 나온 대부분의 자료들을 참고하여 가

---

72) R.H. Bremmer, *Bavinck als dogmaticus*, 2쪽, 주 5번.

73) C. Jaarsma, *The Educational Philosophy of Herman Bavinck*, Grand Rapids: Eerdmans, 1935; 정정숙 옮김, 『헤르만 바빙크의 기독교 교육철학』, 서울: 총신대학출판부, 1983; S. P. van der Walt, *Die wysbegeerte van Dr. Herman Bavinck*, 1953; B. Kruithof, *The Relation of Christianity and Culture in the Teaching of Herman Bavinck*, 미간행 박사학위논문, University of Edinburgh, 1955; E. P. Heideman, *The Relation of Revelation and Reason in E. Brunner and H. Bavinck*, Assen: Van Gorcum, 1959.

74) Fr. S. Rombouts, Prof. dr. H. Bavinck, *Gids bij de studie van zijn pedagogiese werken*, 's-Hertogenbosch-Antwerpen: 1922; J. Brederveld, *Hoofdlijnen der paedagogiek van Dr. Herman Bavinck met critische beschouwing*, Amsterdam: 1927; L. van der Zweep, *De paedagogiek van Bavinck*, Kampen: 1936; L. van Klinken, *Bavinck's paedagogische beginselen*, Meppel: 1937; J. Waterink, "Herman Bavinck", *Christelijke Encyclopedie* ^{2}I, Kampen: Kok, 1956.

75) A. B. W. M. Kok, Dr. *Herman Bavinck*, Amsterdam: Bakker, 1945; J. Geelhoed, *Herman Bavinck*, Goes: Oosterbaan & Le Cointre, 1958.

76) Bremmer, *Bavinck als dogmaticus*, 3 주 18 참조.

장 잘 정리한 책으로 평가받는다. 페인호프는 학위논문에서 바빙크의 계시와 성경영감론을 다루면서, 그와 윤리신학파와의 관계를 살핀다. 페인호프의 논문이 너무 방대하여서 그런지 몰라도, 그 이후 네덜란드 신학계에서 바빙크의 신학에 관한 단행본이나 전기는 많이 나오지 않고 있다.[77] 다만 특정 주제, 가령 성경관과 계시관을 다른 신학자들과 비교하는 연구서들은 더러 나오고 있다.[78]

미국 개혁교회는 그에 대한 많은 관심을 보여주고 있는데, 바빙크와 카이퍼의 신학적 차이를 강조하는 경향이 강하다.[79] 볼트는 카이퍼가 은혜를 (성령님의) 갱신의 측면에서만 접근

---

[77] J. Veenhof, *Revelatie en inspiratie,* Amsterdam: Buijten en Schipperheijn, 1968; S. Meijers, *Objectiviteit en Existentialiteit: Een onderzoek naar hun verhouding in de theologie van Herman Bavinck en in door hem beïnvloede concepties,* Kampen: Kok, 1979.

[78] D. van Keulen, *Bijbel en dogmatiek: schriftbeschouwing en schriftgebruik in het dogmatisch werk van A. Kuyper, H. Bavinck en G. C. Berkouwer,* Kampen: Kok, 2003.

[79] A. A. Hoekema, *Herman Bavinck's Doctrine of the Covenant,* 미간행 박사학위논문, Princeton Theological Seminary, 1953; J. Bolt, *The Imitation of Christ Theme in the Cultural-Ethical Ideal of Herman Bavinck,* 미간행 박사학위논문, Uinversity of St. Michael's College. Toronto School of Theology, 1982; Syd Hielema, *Herman Bavinck's Eschatological Understanding of Redemption,* 미간행 신학박사학위논문, Wycliffe College Toronto School of Theology, 1998; R.N. Gleason, *The Centrality of the Unio Mystica in the Theology of Herman Bavinck,* 미간행 철학박사학위논문, Westminster Theological Seminary, 2001.

하기 때문에 승리주의적인 일반 은혜에 대한 이해와 문화관이 빠져있으며, 이에 대해 바빙크는 그리스도를 본받음에 기초하여 승리주의를 극복하였다고 주장한다. 힐러마는 스파이크맨과 월터스가 카이퍼와 도예비르트의 노선을 따라 구속을 창조의 회복으로만 보는 반면에, 바빙크는 구속에서 창조를 보며, 그리스도의 인격과 사역을 강조하면서 창조와 구속사와 종말론을 이 기독론적 우위에서 기초시킨다고 주장한다. 이러한 평가는 신학적 해석의 관점에서 보면 상당한 설득력을 지닌다. 한 신학자의 신학은 그의 삶의 정황에서 형성되었으며, 그 정황을 떠나면 어차피 해석의 과정을 거쳐 수용될 수밖에 없다. 그렇게 볼 경우 미국 개혁신학자들의 바빙크 해석은 창의적이라고 하겠다. 그럼에도 불구하고 그들의 평가가 적합하지 않은 것은 이런 해석이 편파성에 빠질 위험이 있기 때문이다.

바빙크가 지도한 박사논문은 19편에 달했다. 후에 신약학자로서 여러 권의 신약 주석을 쓴 흐레이다누스도 기독론을 연구하여 그에게서 학위를 받았다. 교의학 분야에서는 호너흐가 캄펀신학교의 후임으로 임명되어, 여전히 남아있던 분리와 애통의 신학적 긴장을 조정하려 애썼다. 자유대학교의 후임인 헤프는 스콜라적인 신학을 시도하였다. 이 두 사람들은 카이퍼와 바빙크가 이미 의미 있는 얘기를 다 했다고 보고, 이들의 업적을 공고히 하려 애썼다.

반면 호너흐의 후임이었던 스킬더는 바빙크의 신앙고백적인 보편성의 노선에 서서 1920년대부터, 카이퍼의 언약론과 중생론, 일반 은혜론과 교회의 다원성 등을 비판하면서, 교회와 신학의 쇄신을 꾀하였다.[80] 그는 바르트 신학의 강력한 반대자였는데, 그럼에도 자연신학의 부정이나 구약의 기독론적 해석에 있어서는 일치하였다. 그의 제자 캄파이스는 바빙크의 유기적 영감론을 동정적으로 비판하면서, 현대 비평학의 위협 앞에서 개혁파의 전통적인 성경관을 해명하고 고수하였다.

베르카워는 초기에는 스킬더보다 온건했으나, 바르트를 부정적으로 해석하였다. 1950년에 헤프의 뒤를 이어 자유대학교의 교의학 교수로 임명된 뒤 『은혜의 승리』(1954)에서는 바르트에 대해 긍정적인 평가를 하기도 하였다. 그는 성경신학의 부흥과 새로운 주석들과 키텔이 편집한 사전의 등장, 그리

---

[80] 스킬더는 언약을 강조하면서, 카이퍼의 중생론이나 세례 이해를 강하게 비판하였다. 이 때문에 카이퍼 추종자들은 1944년 8월 우트레흐트 총회에서 그를 목사직과 교수직에서 면직시켰다. 당시 총회장은 베르카워였는데, 그는 후에 텔레비전에 출연하여 이 일에 대해서 공개적으로 참회하였다. 이 일을 계기로 합동개혁교회의 교리적, 교회법적 오류로부터 '해방'을 추구하는 교회가 생겨났다. 이 교회는 해방개혁교회라 불리며, 1946년에 캄펀에서 자체 신학교 건물을 매입하여, 1854년에 개교했던 신학교를 계승한다고 선언하였다. 이 교회와 신학교는 네덜란드 기독개혁교회와 아펄도른에 있는 그 교회의 신학교와 아주 밀접한 관계를 유지하고 있다. 스킬더를 면직시킨 교회는 '총회파'인데, 이 교회는 2004년 5월에 이전의 국가교회와 연합하여 단일 교회를 구성하였다.

고 로마 가톨릭의 혁신 등을 겪으면서, 신칼빈주의 신학의 쇄신을 꾀했다. 그의 신학은 신앙과 계시의 관계의 신학이다. 신앙에 열매를 주지 않는 신학적 발언은 무의미하고 정당한 발언도 될 수 없다는 것이다. 그는 카이퍼가 관념론에 너무 많이 기울었다는 점을 비판하면서, 그 대신에 반스콜라적이고 실존적이며 역동적인 바빙크에 의존하였다. 그러나 바빙크가 성경 계시의 객관성에 기초하여 실존성에 접근한 반면에, 그는 실존성으로부터 객관성에 접근한다.81) 이런 입장에서 쓴 그의 교의학 총서는 네덜란드어뿐 아니라 영어로도 번역되어 많은 영향을 끼치고 있다. 그의 제자 바커는 바빙크보다는 루터와 바르트, 미스코테와 노르트만스를 따른다. 그의 또 다른 제자 카이터르트는 판넨베르크에 근접하며 일반 계시와 일반 은혜의 현대적 의미를 살피면서, 현대의 문화적 상황에서 새로운 해석학과 변증학을 시도하였다. 특히 새로운 해석학이 60년대에 큰 관심을 끌었고, 결국 1967년 총회에서는 낙원에서 뱀이 하와에게 문자적인 의미대로 말했다고 표명했던 1926년 앗선 총회의 결정을 번복하기에 이르렀다. 이러한 입장은 구약분야에서는 코올러와 리덜보스, 신약분야에서는 헤

---

81) S. Meijers, *Objectiviteit en exitentialiteit*, 441; Charles M. Cameron, *The Problem of Polarization: An Approach Based on the Writings of G. C. Berkouwer*, Edinburgh: Rutherford House, 1992, 15-21쪽.

르만 리덜보스와 스키퍼르스가 지지하고 있다.[82]

바빙크의 저작이 많이 번역되지는 않았다. 독일어로는 두 권이 번역되었을 뿐이다.[83] 그의 교의학 2권이 영어로 번역되었고, 최근에는 1권 전부가 번역되었다.[84] 바빙크가 1908~1909년에 미국 프린스톤신학교에서 했던 계시철학에 대한 특강은 영어로 출판되었다. 보스는 그의 교의학 첫 두 권에 대한 서평을 써서 그를 미국 신학계에 소개하였고, 네덜란드 신학의 현황에 대한 바빙크의 글을 번역하여 실었다.[85] 칼빈신학교 교수로 있던 보스가 1894년 프린스톤의 성경신학 교수로 임

---

[82] J. Veenhof, "De theologische erfenis van Abraham Kuyper en Herman Bavinck", *Cultuur als partner van de theologie. opstellen aangeboden aan Prof. dr. G. E. Meuleman,* Kampen: Kok, 1990, 57-61쪽; Kuitert, *Wat heet geloven,* Baarm:1977, 112쪽, 각주 26번.

[83] *Christelijke wereldbeschouwing*과 스톤특강이 각각 1907년과 1909년에 번역되었다.

[84] *The Doctrine of God,* W. Hendrikson, tr., Grand Rapids: Eerdmans, 1951. 최근에는 네덜란드 개혁신학 번역협회가 조직되어 바빙크 교의학 중 종말론과 창조론, 그리고 총론이 번역 출판되었다. *The Last Things: Hope for this World and the Next,* J. Bolt, ed., John Vriend, tr., Grand Rapids: Baker, 1996; *In the Beginning: Foundations of Creation Theology,* J. Bolt, ed., John Vriend, tr., Grand Rapids: Baker, 1999; *The Reformed Dogmatics: Prolegomena,* John Vriend, tr., Grand Rapids: Baker, 2003.

[85] Bavinck, "Recent Dogmatic Thought in the Netherlands", *Presbyterian and Reformed Review,* 1892, Vol. 3, 209-228쪽; 보스의 서평은 각각 Vol. 7, 356-363쪽, Vol. 10, 694-700쪽에 실려 있으며, 이곳에서 보스는 자신이 바빙크와 공감하고 있다는 것을 보여준다.

명되자, 그를 통하여 바빙크의 신학이 미국 장로교회에 전파되었다. 하지만 보스의 후임자로 분리교회의 출신인 보이커와 텐 호르가 임명되자, 카이퍼나 바빙크는 더 이상 소개되지 않았다. 특히 텐 호르는 칼빈주의나 칼빈주의의 원리라는 말 대신에 개혁파라는 말을 선호하였다. 그러나 얼마 지나지 않아 그의 후임인 벌코프가 다시 바빙크를 소개하기 시작하였다. 그는 바빙크의 교의학을 기초로 강의하고, 자신의 조직신학을 저작하였다. 그러나 안타깝게도 바빙크의 교의학에 담겨 있는 풍성하고 보편적인 개혁전통이 벌코프의 조직신학에서는 교리의 정수만을 담은 딱딱한 교과서 형태로 바뀌고 말았다. 결국 살은 없고 뼈만 남은 꼴이 되었고, 이에 대한 반발로 미국 기독개혁교회 안에는 반(反) 스콜라스틱한 분위기가 형성되었다. 미국의 네덜란드계 개혁교회에는 바빙크를 실존적으로 해석하는 경향이 강하며, 베르카워의 영향도 엿볼 수 있다. 이들은 교리, 그 중에서도 선택론이 지닌 스콜라스틱한 분위기를 비판한다. 물론 성경관에 대한 개정을 요청하는 요구도 있었으나, 이 요구는 지지를 얻지 못했다.

벌코프의 조직신학의 영향으로 한국 장로교회의 신학도 간접적으로 바빙크의 영향 하에 있다고 볼 수 있다. 박형룡(1887~1978)의 교의신학의 기본서는 벌코프의 조직신학이다. 그의 교의학의 근저에는 벌코프의 『조직신학서론』(1932)과 『조직신학』(1947)이 있다. 영미식 장로교는 분명히 상회 개념을 인정하지만, 박형룡은 상회를 말하지 않는 벌코프의 개혁파 정치를 그대로 도입하고 있다.86) 그가 이것을 제대로 정립하고 한국 교회에 정착시켰더라면, 한국 장로교회는 네덜란드 개혁교회론의 기조를 채택하였을 것이고, 현재 한국 교회를 위협하고 있는 교권주의를 올바르게 척결할 수 있었을 것이다. 차영배는 구원론에서 카이퍼와 바빙크의 차이를 부각시키는 입장을 취하지만, 그렇게 설득적이지는 못하다.87)

보편성의 신학자

1882년에 바빙크는 당시 네덜란드 신학의 조류들을 비판하면서, 분리교회는 훨씬 더 신학적이며, 초자연주의에 더욱 잘 대처한다고 보았다. 조류나 운동은 속히 사라지지만, 성경과 신앙고백에 기초하여 권징을 시행할 수 있는 교회가 개혁신

---

86) "그러므로 노회와 대회를 '상회'라 부르지 말고, 다수의 혹은 광의의 회의들이라고 말함이 나을 것이다"(『교회론』, 150쪽). 이 말은 Berkhof이 쓴 *Systematic Theology* 589-590쪽에 그대로 나온다. 교회의 회의에 관한 박형룡의 기술은 웨스트민스터 교회정치를 첨가하지만, 전적으로 벌코프에 의존하고 있다. 최근에 『하나님의 크신 일들』이 『바빙크의 개혁교의학 개요』(원광연 옮김, 서울: 크리스챤 다이제스트, 2004)라는 이름으로 재번역되었다.
87) 차영배, 『성령론: 구원론 부교재』, 서울: 경향문화사, 1987.

학의 전통을 바로 계승할 수 있다는 것이었다. 바빙크는 이러한 기초를 갖춘 교회가 개혁신학의 원리를 연구함으로써 독립적인 개혁신학을 추구해야 한다고 강조했다. 신앙고백은 최소한의 공통분모에 기초하여 전체를 통합하려는 기능을 지니기 때문에, 삶의 일부분을 다룬다. 그러나 여기에 기초한 개혁원리는 신앙고백이 대답할 수 없는 삶의 전 영역, 곧 가정, 국가, 사회, 문화, 학문 등을 포괄하는 세계관이요 인생관이다. 이런 표명이 있고 얼마 지나지 않아, 그는 캄펀신학교의 교의학 교수로 임명받아 독립적인 네덜란드 개혁신학을 형성하기 위하여 노력하였다. 그렇다면, 그는 이 목표를 달성하였고, 그것은 보편성을 확보하면서 이루어졌는가?

바빙크는 개혁신학이 '주관성의 세기'였던 18세기에, 그 시대를 이기지 못하고 공공의 삶에서 퇴각하여 있다가, 금세기, 즉 19세기에 새로운 활력을 지니고서 다시 등장하고 있다고 보았다. 즉 그는 이 같은 발언을 통해 카이퍼가 주도한 칼빈주의의 부흥을 겨냥하고 있었다는 것을 확인할 수 있다.[88] 이

---

[88] "Theologische richtingen in Nederland", *Tijdschrift voor Gereformeerde Theologie*, Vol. 1/2, 1894, 163쪽. 이것은 카이퍼가 『신학총론』에서 한 말과 같은 내용을 담고 있다. I, vi. 바빙크의 『교의학』 첫 권이 출판되자 카이퍼는 자기들 두 사람이 18세기 초엽에 소멸한 네덜란드 개혁신학을 독자적으로 회생시키고 있다며 '칼빈주의 부흥 (calvinistisch reveil)'을 노래했다(*De Heraut*, No. 912, 1895년 6월 16일자 참조).

미 지적한대로, 이 두 사람의 삶과 신학과 활동은 너무나 밀접하게 연관되어 있어서 분리하여 설명하기가 쉽지 않다. 양자의 지도교수인 스홀턴이 초기에 이들에게 끼친 영향 또한 무시할 수 없다. 그는 칼빈과 역사적 개혁신학에 대한 안목을 이들에게 열어주었다. 비록 이들이 그의 신학적 입장을 따른 것은 결코 아니지만, 이 두 사람은 어떤 점에서는 스홀턴의 의도를 그보다도 더 올바르게 이해하고 실현하였다고 볼 수 있을 것이다. 그러나 두 사람은 모두 이상하리만치 자기들의 선생을 자주 언급하지 않았다.

카이퍼와 바빙크가 활동하던 19세기 후반에 철학에서는 칸트로, 로마 가톨릭에서는 토마스로 다시 돌아가는 움직임이 있었다. 또 루터파와 개혁파의 정체성을 비교, 연구하는 작품들이 많이 나오면서, 개혁신학의 전통이 루터파보다 더 낫다는 이들도 있었다. 슐라이어마허는 독일개혁신학의 배경에서 '절대의존감정'을 말하였다. 스위스 개혁신학자 슈바이처는 '절대의존감정'의 종교성은 개혁파의 예정론에서 가장 잘 나타난다고 보았으며, 이러한 논리로 개혁파는 로마 가톨릭이나 루터파보다 더 발전된 모습이라고 주장하였다. 슈바이처의 사상을 스홀턴은 네덜란드에 소개했고, 카이퍼와 바빙크도 이 입장에서 작업하였다.

바빙크는 교의학적 주제들을 다루면서, 거의 예외 없이 로마 가톨릭과 종교개혁전통을 대비시킨다. 그는 특정 주제를 논함에 있어 성경에서 이 주제가 어떻게 발전하였는지를 개괄하고 난 뒤에, 중세 로마 가톨릭의 부패를 종교개혁이 회복하고 교정했다는 식으로 기술한다. 그리고는 다시 루터파와 개혁파를 구별하여 역사적 개혁신학의 우월성을 부각시킨다. 바빙크는 개혁파가 '신학적'인데 반하여, 루터파는 '인간론적'(구원론적)으로 사고한다고 말한다. 그는 이런 원리의 차이가 하나님의 형상론, 원죄론, 그리스도의 인격, 구원의 서정, 성례론, 교회정치, 윤리 등에서 연계적으로 나타난다고 부연한다. 이런 차이를 가져오는 기본적인 뿌리는 개혁파에서는 하나님의 작정과 선택이요, 루터파에서는 칭의론이라고 단언한다. 루터파는 '사안 자체'에 만족하지만, 개혁파는 '사안의 이유'를 추적하기 때문이다.[89] 재미있는 사실은 바빙크가 동일한 표현으로 학문을 설명하고, 신앙과 신학의 차이를 설명했다는 것이다. 신앙은 사실 자체에 만족하지만, 신학은 하나님께로부터 출발하여 만물을 그분과의 관계 속에서 파악하고 다시 하나님 안에서 평안을 누릴 때까지 잠시도 쉬지 않는데, 이처럼 이유를 추적하는 것이 '신학적'이라고 주장한다.[90] 바빙크가 개혁파 신학을 진정한 의미의 학문으로 보는 입장은

---

89) I, 151쪽.
90) I, 12쪽, 585쪽; *Godsdienst en godgeleerdheid*, 54-55쪽.

그의 신학적 자세와 신학이 지닌 보편성을 보여준 것이라 할 수 있겠다. 그에게 있어 신학의 주체는 제도교회나 직분이 아니라, 가정, 국가, 사회, 학문과 문화 등 삶의 전 영역에서 하나님의 진리를 반성하고 체계를 세우는 유기체 교회라고 본다. 삶의 전 영역을 향한 그의 관심은 하나님의 형상의 회복에 대한 광의적 해석, 일반 은혜론과 교회론에서 구체적으로 나타나며, 그가 실제로 가정, 교육, 심리학과 정치에 보인 관심에서도 증명된다.

바빙크가 역사적인 연구로만 이런 개방성과 보편성을 확보했다는 것은 아니다. 바빙크는 네덜란드 내의 다른 신학적 조류들과는 달리, 성경에 기초하고 신앙고백에 따라 역사적 개혁신학의 부흥을 시도하였다. 특히 네덜란드 윤리신학파도 기독교와 문화, 신앙과 학문의 조화를 추구하였지만, 바빙크는 이 신학에 대해 호의적이지 않았다. 이 신학파는 독일 신학에 크게 의존했을 뿐만 아니라, 네덜란드 개혁신학을 직접 연구하지 않고, 2차 문헌에 의존하면서 "우리 조국 네덜란드 개혁신학의 독립성과 고유성을 포기했다"고 공박하였다.[91] "여기 우리나라에서는 정치 및 사회뿐만 아니라, 신학에서도 모방이 다반사이다. 우리가 조국의 신학을 계승하면서 이 신학을 계속

---

91) *De theologie van Prof. dr. Daniel Chantepie de la Saussaye*, Leiden: Donner, 1884, 5–6쪽.

발전시키려 하지 않는 한, 이런 상황은 변하지 않을 것이다."⁹²⁾ 물론 그의 이런 태도가 국수적으로 비쳐질 수도 있겠지만, 도리어 여기에서 그가 확신한 네덜란드 개혁교회와 그 신학의 보편성을 다시 접할 수 있다. 교의들을 다룰 때에 그는 항상 개혁신학의 전통을 두루 소개하였는데, 이것은 당시 네덜란드 안팎에서는 흔치 않은 일이었다. 그리고 이 개혁신학의 전통이 성경과 고대 교회의 전통을 잘 이어받고 있음을 곳곳에서 논증하였다. 그는 개혁신학의 역사에서 이런 공교회적인 전통이 퇴조하고 변질되었다는 것도 지적하면서, 개혁신학의 새로운 가능성을 주장하였다. 그러면서도 그는 동시에 네덜란드 개혁신학이 개혁신학의 전통을 제대로 전수받고 발전시켰다는 것도 강조한다. 그는 이런 상황을 회복하기 위하여 17세기 네덜란드 레이던 교수들의 공저 『순수신학개요』를 편집하여 재출간하였다. 그는 역사적인 개혁파 전통을 자기 시대에 살아 움직이게 만들었다. 그런데 바빙크는 그 네덜란드 개혁신학이 이미 17세기 말엽부터 시작하여 1750년경에는 완전히 쇠퇴기에 들어갔다고 지적한다. 이 말은 신학의 쇠퇴에 앞서서 개혁교회가 이미 쇠퇴했으며, 신학과 교회가 서로 분리되었기에 나온 필연적인 결과였다는 뜻이다. "교회가 건강하여

---

92) "Het dualisme in de theologie"(1887), in *Kennis en leven*, 147쪽.

질수록 신학의 힘은 더 강해진다."[93] 그렇기 때문에 그는 개혁신학이 19세기에 독일, 스위스, 영국에서는 미미하며, 미국에서는 위기에 처해 있다고 진단한 것이다. 그는 책상머리 학자가 아니었다. 분리로써 선배들이 개혁한 교회의 한 가운데에서 그 교회와 교인들을 활성화시키며, 함께 개혁을 갈망하는 애통 측 교회와 합동을 이룬 '교회의 신학자'였다. 이런 개혁교회의 터 위에서 그는 역사적인 개혁신학의 부흥을 추구하였다. 이것도 그의 보편성의 일면이며, 그를 슈바이처나 스홀턴과는 다르게 평가해야 할 중요한 요인이기도 하다. 우리가 바빙크 신학을 비판하고 난 뒤에도 여전히 그의 신학에 끌리는 이유는 교회 한 가운데서 신학을 연구한 그의 힘을 느끼기 때문이다.

바빙크는 개혁신학의 장점을 부각시키는 방식으로 보편성을 추구하였으나, 완전히 성공한 것은 아니었다. 개혁신학은 로마 가톨릭이나 루터파와는 달리 뿌리와 이유를 추구함으로써 '신학적' 탁월성을 지녔다고 보기 때문에, 그는 어떤 각론이라도 '신학적'으로 해명하려고 하였다. 개혁신학의 핵심이요 신학적 해석의 기초가 예정론이라 하더라도, 바빙크는 시간계에 매어있는 유한한 존재인 신학자는 오직 성경의 계시

---

[93] "De wetenschappelijke roeping onzer kerk", *De Vrije Kerk*, 1882, 99쪽.

에만 의존해야 한다는 것을 망각하고 있었다. 구원의 확실성이 선택과 평화언약에서 보장되었다 하더라도, 우리는 그 속을 헤집고 다닐 수 있는 존재들이 아니기 때문이다. 이를 모를 리 없는 바빙크가 개혁신학의 특징인 예정론으로 때로는 아찔할 정도로 사변적 유희에 빠졌던 것은 안타까우며, 동시에 이해하기 힘든 일이다. 또 당대의 신학 풍조를 따라 예정론을 개혁파의 특성으로 삼은 것도 돌아보면 지나친 면이 있다. 성경을 신학의 원리로 삼았던 그가 성경을 요약하는 신앙고백을 넘어 개혁파 원리를 추구한 결과이기도 하다. 내재적인 체계를 거부하고 성경에서 나온 체계를 시도했지만, 동시에 체계를 위하여 몇몇을 지나치게 강조함으로 인해 사변의 흔적을 남기고 마는 체계의 횡포에 휘말리고 말았다. 그가 누린 신학의 힘이 약점이 되어버린 것이다. 이것은 그가 수용했던 유기체사상이 지닌 낙관주의의 반역이다. 그가 임종시에 했던 말은 그런 뜻이 아니었을까?

11. 바빙크와 한국 교회

  비판받아야 할 점이 더러 있다고 하더라도, 우리는 바빙크의 시도를 존경한다. 하나님 앞에서 보편성을 추구하면서, 그 때문에 외면당하고 외로움에 빠졌지만, 그는 이 보편성의 확신 가운데 살았고, 사역하였다. 특히 잊혀진 전통을 다듬고 활성화시킨 것이 바빙크가 지닌 보편성의 증거이다. 네덜란드 개혁교회가 하나님의 선택적인 사랑과 언약을 고백한「도르드레흐트신경」을 재발견하여 영적, 교리적 침체에서 벗어나고자 할 때에, 그 교회의 아들로 태어난 바빙크는 자신의 모교회를 역사적인 개혁파의 전통 위에 굳게 서고 더욱더 왕성해지도록 신학적 작업으로 모교회를 섬겼다. 모름지기 신학은 현장인 교회를 떠나서는 무력하다.

  이제 한국 교회는 한국 신학을 정립하여야 할 시점에 들어섰다. 네덜란드 교회가 성경말씀과 신앙고백을 신앙과 삶에서 회복함으로써 왕성해질 수 있었다면, 역사와 전통이 다른 한국 교회는 지난 수십 년간의 교회 부흥 자체를 신학적 반성의 자료로 삼을 수 있겠다. 한국 교회의 부흥과 성장을 하나님께서 주신 큰 복으로 받아들인다 하여도, 이제는 부흥과 성장의 저변에 깔려있는 신학적 전제들을 찬찬히 살펴보고 반성할 때가 되었다. 한국 교회 안에 주어졌던 독특한 형태의 성장이, 성경적으로나 신조역사적으로 보편성을 확보하고 있는지를 진지하게 검토해야 할 것이다. 또 목회나 신학이 수입일변도인 이 때에, 자기 전통에 대한 확신 위에 보편성을 추구한 바빙크를 참고할 만하다. 이제 목회자들이 신조와 원리에 입각한 목회와 교회정치를 추구할 때이다. 신학자들은 먼저 교회 속에 뿌리를 내리고, 한국 교회가 안고 있는 수많은 문제들과 직접 대결하여야 할 것이다. 문제를 해결함에 있어서는 성경으로부터 답을 얻되, 신조와 오랜 역사를 지닌 교회들까지 참고함으로써 한국 교회를 보편성 위에 든든히 세우고, 자생적인 신학을 수립하여 목회자와 교인들을 도와야 하는 지대한 사명감 앞에 서 있다. 이 때에 바빙크가 좋은 귀감이 될 수 있을 것이다.

바빙크는 자신이 확신한 보편성 위에서 기독교와 문화, 일반 계시와 특별 계시, 창조와 재창조 그리고 일반 은혜 등의 문제에 대해 평생 동안 씨름하였다. 그가 취한 방법이나 남긴 업적에 대해서는 의문을 가질 수야 있겠지만, 그가 보편성의 관점에서 끊임없이 시도하고 추구한 모습은 배울만하다. 그러나 개혁신학의 원리를 따른다고 하면서도 바빙크는 일관성을 지키지 못했다. 교회를 신학연구와 교육의 주체라고 말하지만, 교회가 유기체 교회라는 인상을 풍기기도 하였다. 그런데도 신앙과 문화를 창조와 재창조라는 하나님의 말씀으로 조망하고, 단순한 종합이 아니라 반제에 기초한 고립을 통하여 기독교 문화를 창달하려 했던 그의 시도는 훌륭한 본보기로서 항상 돋보일 것이다.

한국 교회에 개혁파적인 기독교세계관이 소개되어 젊은 성도들에게 큰 영향을 끼치기도 했지만, 이 운동이 일반 성도들까지 각성시키지는 못했다. 지나치게 지성적으로 이해하였기 때문이었다. 게다가 보편성에 대한 관심이 부족하였고 이런 운동의 신학적 기초에 대한 깊은 성찰도 부실하다 보니, 기독교세계관운동을 추구한 교회 안의 많은 젊은이들이 교회를 떠나거나 교회에 대해 무관심한 태도를 보이는 결과를 낳았다. 더러는 부패한 사회를 개혁한다는 명목으로 비(比) 기독교인들과 쉽게 제휴하기도 한다. 그렇지만 교회를 기반으로 삼지 않은 기독교세계관운동은 교회를 개혁하지 못할 뿐만 아니라, 사회도 변혁시킬 수 없을 것이다. 한국의 많은 기독교 대학들이 설립취지와는 달리 정체성을 확보하지 못하는 것도 같은 맥락에서 반성해야 할 문제이다. 신앙고백에 기초한 교회가 먼저 든든히 서지 않으면, 오히려 이런 운동이 세상화의 첨병이 될 수도 있다. "19세기의 신자들은 세상의 의미를 상실한 반면에, 우리는 자신을 세상 속에 상실할 위기에 처해 있다. 오늘날 우리는 세상을 회개시키고, 삶의 모든 영역을 그리스도를 위하여 정복하려 한다. 그러나 우리 자신이 진정으로 회개하였고, 삶과 죽음에서 그리스도께 속하였는지 묻는 것은 종종 망각한다. 이런 질문을 경건주의 또는 감리교라는 낙인을 찍어 무시할 수도 있다. 기독교 원리를 추구한다면서, 세상을 얻는다 하여도 영혼을 잃어버린다면 무슨 유익이 있겠는가?"[94] 그는 네덜란드 교회의 교화적 강론에는 빠져있는 영적 내면성이 어스킨의 설교에는 들어있다고 지적하면서, 죄와 은혜, 죄과와 사죄, 중생과 회개가 무엇인지 잘 모르는 세태를 비판하였다. 이런 비판은 현재의 한국 교회에도 절실하게 요청된다. 회개와 문화적 사명, 신앙과 학문 간에 균형을 이루지 못한다면, 무슨 소용이 있겠는가? 신앙고백에 입각하여 기독교 문화를 창달한 바빙크와 그가 섬긴 네덜란드 개혁교회는 혼란과 위기에 처해있는 우리 한국 교회에게 안전한 길잡이가 될 것이다.

---

[94] *De zekerheid des geloofs*, Kampen: Kok 1901, 76쪽.

나아가 바빙크가 씨름한 다양한 주제들은 지속적으로 연구하여야 할 문제이다. 특히 다종교의 상황에 처해 있는 한국에서 이런 주제들은 종교다원주의나 종교 간의 대화 등에도 좋은 빛을 던져줄 것이다. 교회를 사랑하는 우리가 한국에서 하나님의 나라를 건설해야 하는 막중한 책임을 실현하기 원한다면, 또 부패한 사회와 교회 안에서 신앙과 문화를 창조와 재창조의 하나님의 말씀으로 조망하고 해결책을 모색할 때, 바빙크는 우리에게 많은 지혜와 깊은 통찰력을 줄 수 있다. 그것은 바빙크나 그를 원용한 미국 개혁교회의 답을 번역하여 수용함이 아니라, 우리의 토양을 이해하고, 우리 실정에 맞는 대안을 마련하기 위하여 고민하고 토론하는 진취적인 태도를 취함으로써 가능할 것이다. 즉 바빙크의 보편성 추구를 따른다 함은 그를 맹종하는 것이 아니라, 그를 참고하여 우리 실정에 적합한 대답을 찾음이다. 그것이 한국 교회를 개혁하고, 한국 사회를 회복하고 살리는 길이다. 왜 다른 교회들이 참고할 만한 모델을 우리는 계발할 수 없겠는가! 이런 필요성과 사명감을 지닌 한국 교회에게 바빙크는 뛰어난 선생이요 좋은 안내자가 될 것이다.

인명색인

네이털른보스(Jan Berend Netelenbos, 1879~1934) 134, 137
노르트만스(Oepke Noordmans, 1871~1956) 234
노르트제이(Maarten Noordtzij, 1840~1915) 55, 56, 67, 81, 102, 103, 104, 106~109
다 코스타(Isaac da Costa, 1798~1860) 25
다윈(Charles Robert Darwin, 1809~1882) 130, 132, 179
더 모르(Johannes Cornelis de Moor, 1878~1926) 133
더 콕(헨드릭, Hendrik de Cock, 1801~42) 24, 57, 58
더 콕(헬레이니우스, Helenius de Cock, 1824~1894) 55, 56, 77, 80
더 크레르크(Willem de Clercq, 1795~1844) 25
더 한(Tamme Foppes de Haan, 1791~1868) 28
도스커(Henry Elias Dosker, 1855~1923) 7, 30
도예비르트(Herman Dooyeweerd, 1894~1977) 232
라우언호프(Lodewijk Willem Ernst Rauwenhoff, 1828~89) 37, 54
라이프니츠(Gottfried Wilhelm Leibniz, 1646~1716) 168
란트(Jan Pieter Nicolaas Land, 1834~1897) 33, 73, 136
로오만(Alexander Frederik de Savornin Lohman, 1837~1924) 79, 84, 85~89, 93, 100, 102, 124
루트허르스(Frederik Lodewijk Rutgers, 1836~1917) 74, 78, 86, 89, 91, 92, 94~97, 102, 103, 106, 107, 118~120

리덜보스(Nicolaas Herman Ridderbos, 1910~1981) 234
리덜보스(헤르만, Herman Ridderbos, 1909~) 235
리츨(Albrecht Benjamin Ritschl, 1822~1889) 49, 188, 197
린더보옴(Lucas Lindeboom, 1845~1933) 49, 56, 57, 62, 64~69, 76, 79~83, 88, 91, 93, 96, 98, 102, 104, 106, 109, 120, 122
릿토이(Arie Littooy, 1834~1909) 76
미스코테(Kornelis Heiko Miskotte, 1894~1976) 234
바빙크(베른하르트, Bernhard Bavinck, 1879~1947) 27
바빙크(얀, Jan Bavinck, 1826~1909): 헤르만의 아버지 27~31, 42, 43, 46, 49, 70, 96
바빙크(Johanna Geziena Bavinck): 헤르만의 무남독녀
바빙크(헤르만, Herman Bavinck, 1854~1921)
바빙크-니하우스(Fenne Bavinck-Niehaus, 1827~1900): 헤르만의 할머니
바빙크 스키퍼르스(Johanna Adriana Bavinck-Schippers, 1868~1942): 헤르만의 부인 70, 71
바빙크-홀란트(Gesina Magdalena Bavinck-Holland, 1827~1900): 어머니
바우만(Harm Bouwman, 1863~1933) 100, 110
바커(Jan Taeke Bakker, 1924~) 234
베르카워(Gerrit Cornelis Berkouwer, 1903~1996) 5, 233, 236
베이츠(Nicolaas Beets, 1814~1903) 35
베자(Theodorus Beza, 1519~1605) 18
벌코프(Louis Berkhof, 1873~1957) 236, 237
보스(Thomas Bos, 1846~1916) 44, 76, 83, 89, 91, 94, 96, 103, 104, 107~109, 120, 121, 236
보스(Geerhardus Vos, 1862~1949) 57, 77, 235
보름서(Johan Adam Wormser, 1807~1862) 52

보이커(Henricus Beuker, 1834~1900) 57, 62, 63, 66, 236

뵐(Eduard Böhl, 1836~1903) 181

브럼멀캄프(Anthony Brummelkamp, 1811~1888) 28, 31, 43, 52, 55, 68

비스터르펠트(Petrus Biesterveld, 1863~1908) 81, 94, 102, 107, 108, 110, 117

빌더데이크(Willem Bilderdijk, 1756~1831) 25

빌더부르(Gerrit Wildeboer, 1855~1911) 37

빌럼 1세(Willem I, 1772~1834, 네덜란드 국왕) 13

빌럼 판 오란녀(Willem van Oranje, 1533~1584) 20

빌렁하(Douwe Klazes Wielenga, 1841~1902) 46, 49, 55, 56, 67, 81, 98, 104, 121, 138

빌렁하(Bastiaan Wielenga, 1873~1949) 133, 134, 138

샹떠삐 더 라 쏘세(Pierre Daniel Chantepie de la Saussaye, 1818~1874) 35

셸링(Friedrich Wilhem Joseph von Schelling, 1775~1854) 49, 132, 197

슈바이처(Alexander Schweizer, 1809~1888) 239, 243

슐라이어마허(Friedrich Daniel Ernst Schleiermacher, 1768~1834) 35, 49, 54, 59, 112, 116, 123, 155~157, 197, 209, 239

스눅 후르흐론녀(Christiaan Snouck Hurgronje, 1857~1936) 7, 33, 35, 37, 46, 50, 229

스키퍼르스(Reinier Schippers, 1907~1989) 235

스킬더(Klaas Schilder, 1890~1952) 233

스파이크맨(Gordon J. Spykman, 1926~93) 232

스홀턴(Johannes Henricus Scholten, 1811~1885) 32, 36, 37, 239, 243

아너마(Anne Anema, 1872~1966) 139

아르미니우스(Jacobus Arminius, 1560~1609) 17, 18

아우구스티누스(Aurelius Augustinus, 354~430) 40, 58, 116, 123, 132, 140, 169, 173, 174, 190

안셀무스(Anselm of Canterbury, 1033~1109) 59, 199, 201

어스킨형제(Ebenezer Erskine, 1680~1754; Ralph, 1685~1752) 143

옵조오머(Cornelis Willem Opzoomer, 1821~92) 33, 132

월터스(Albert Marten Wolters) 232

올던바르너펠트(Johan van Oldenbarnevelt, 1547~1619) 18

이레네우스(Irenaeus, 140~202년 경) 169

제더블롬(Nathan Söderblom, 1866~1931) 32

준다크(Jan Berend Sundag, 1810~93)

카이터르트(Harry Kuitert, 1924~) 234

카이퍼(아브라함, Abraham Kuyper, 1837~1920) 25이하

카이퍼(헤르만, Herman Huber Kuyper, 1864~1945): 아브라함의 아들 95, 102, 118

카파도스(Abraham Capadose, 1795~1874) 25

칼빈(Jean Calvin, 1509~1564) 16, 17, 23, 24, 36~40, 60, 85, 114, 131, 132, 140, 141, 152, 162, 192, 193, 199, 203~206, 208, 211, 214, 217, 220~222, 224, 225, 239

캄파이스(Jacob Kamphuis, 1921~) 233

케이저(Gerrit Keizer, 1869~1943) 99

코올러(Jan Leunis Koole, 1910~1997) 234

콕(Wolter Alberts Kok, 1805~91)

쿠우넌(Abraham Kuenen, 1828~1891) 32, 36, 37

키텔(Gerhard Kittel, 1888~1948) 233

터툴리아누스(Tertullianus, 160~220년 경) 169

텐 호르(Foppe Martin ten Hoor, 1855~1934) 42, 57, 58, 68, 236

투레티누스(Franciscus Turretinus, 1623~1687) 99

틸러(Cornelis Petrus Tiele, 1830~1902) 32

츠빙글리(Huldrych Zwingli, 1484~1531) 36~40, 114, 225
파비우스(Dammes Paulus Dirk Fabius, 1851~1931) 124, 126
판 쉘펀(Bastiaan van Schelven, 1847~1928) 104, 110
판 안델(Jan van Andel, 1839~1910) 64, 66, 76, 104, 105, 107
판 펠젠(Simon van Velzen, 1809~1896) 28, 29, 55, 68
판 헬더른(Cornelis van Gelderen, 1872~1945) 117
페이릭스(Jan Wouter Felix, 1824~1904) 47
페인호프(Jan Veenhof, 1934~) 231
펠라기우스(Pelagius, -±422 년경) 58, 173, 174, 176, 189
프린스(Johannes Jacobus Prins, 1814~98) 37
필로(Philo, 주전 25~주후 45년 경) 166, 167, 169
하르낙(Adolf von Harnack, 1851~1930) 131, 196
헤이싱크(Gerhard Geesink, 1854~1929) 76, 102, 118
헤임스케르크(Theodorus Heemskerk, 1852~1932) 126
헤페(Heinrich Heppe, 1820~79) 35, 48
헤프(Valentijn Hepp, 1879~1950) 229, 232, 233
호너흐(Anthonie Gerrit Honig, 1864~1940) 110, 137, 232, 233
호비(Willem Hovy, 1850~1915)
후닝(Johannes Hermanus Gunning, 1829~1905) 35, 60
흐레이다누스(Seakle Greijdanus, 1871~1948) 232
흐룬 판 프린스터러(Guillaume Groen van Prinsterer, 1801~1976)
히스펜(Willem Hendrik Gispen, 1833~1909) 55, 57, 66, 94

지명색인

덴 하흐(Den Haag, 헤이그市) 21, 25, 41, 133
델프트(Delft市) 71
도르드레흐트(Dordrecht市) 17~20, 23, 48, 85, 134
레이던(Leiden市) 6, 7, 30~33, 39~44, 46, 48, 54, 67, 75, 110, 111, 136, 140, 154, 242
레이와르던(Leeuwarden市) 69, 136, 137
로잔(Lausanne, 스위스) 99
로테르담(Rotterdam市) 135
미델부르흐(Middelburg市) 83
벤타임(Bentheim, 독일) 27, 28, 57
분스호턴(Bunschoten市) 29
아펄도오른(Apeldoorn市) 72
알름케르크(Almkerk邑) 29
암스테르담(Amsterdam市) 17, 18, 25, 29, 31, 42, 47, 52, 61, 71, 73, 78, 85, 117, 119, 140
앗선(Assen市) 62, 65, 66, 69, 234
오버르에이설(Overijssel道) 17
우트레흐트(Utrecht道/市) 16, 17, 42, 66, 120, 125, 136, 233
울름(Ulrum, Groningen) 24

제이란트(Zeeland道) 17
즈볼러(Zwolle市) 29, 49, 89
캄펀(Kampen市) 28, 30, 31, 34, 35, 42~44, 47, 50~52, 55~57, 64~67, 69, 71, 73, 76, 77, 80, 90, 93, 94, 96~99, 106~112, 117, 119~121, 137, 138, 140, 141, 146, 229, 232, 233, 238
프라너커(Franeker市, Friesland) 44, 47, 49
프라르딩언(Vlaardingen市) 70
프리스란트(Friesland道) 17, 23
하알렘(Haarlem市) 90
헬드러란트(Gelderland道) 17
홀란트(Holland道. 和蘭은 이 말의 일본식 음역이다) 17, 18
호오허페인(Hoogeveen市) 27~29
흐로닝언(Groningen道/市) 17, 23, 95, 98, 106

주제어색인

『개혁 *De Reformatie*』 134, 138
계속적 개혁(De Nadere Reformatie) 22, 25
도르트 회의(Dordrecht, 1618~19)
『바자인 *De Bazuin*』(나팔) 67, 68, 81, 94, 96, 98, 100, 109, 110
부흥운동(Réveil) 25, 35, 41, 44, 135
분리운동(Afscheiding, 1834) 14, 21, 24, 142
『더 스탄다르트 *De Standaard*』(깃발) 65, 124
애통운동(Doleantie, 1886) 60, 84, 121, 142
『자유교회 *De Vrije Kerk*』 40, 46, 57, 68, 112
취리히협약(Consensus Tigrinus, 1549) 222
『파수꾼 *De Wachter*』 136
해방운동(Vrijmaking, 1944) 121
『헤라우트 *Heraut*』(전령) 65

현대 신학자 평전 5
헤르만 바빙크 보편성을 추구한 신학자

펴낸날	초판 1쇄 2004년 9월 10일
	초판 3쇄 2016년 8월 16일

지은이	유해무
펴낸이	심만수
펴낸곳	(주)살림출판사
출판등록	1989년 11월 1일 제9-210호

주소	경기도 파주시 광인사길 30		
전화	031-955-1350	팩스	031-624-1356
홈페이지	http://www.sallimbooks.com		
이메일	book@sallimbooks.com		

ISBN	978-89-522-0283-3　04080
	978-89-522-0167-1　04080 (세트)

※ 값은 뒤표지에 있습니다.
※ 잘못 만들어진 책은 구입하신 서점에서 바꾸어 드립니다.